KB113414

어른을 위한 좋은 행동 습관

# 어른을 위한
# 좋은 행동 습관

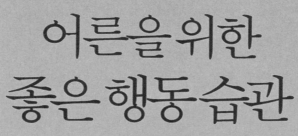

류쉬안 지음 | 원녕경 옮김

## 심리적
## 맹점을 파악해
## 불행을 피하는 방법

Get **Lucky** $^2$

자신에 대해 100% 책임을 질 수 있을 때,
비로소 완전히 다른 내가 될 수 있다.

_할 엘로드 Hal Elrod

# PREFACE

친애하는 독자들께

《돈과 운을 끌어당기는 좋은 심리 습관(Get Lucky 1)》을 출판하기 위해 관련 연구를 진행하면서 인터넷 설문조사로 행운에 대한 개인적 생각과 생활 만족도, 인간관계 등등의 50여 개 질문을 던진 적이 있다. 이를 통해 40개국의 응답자들로부터 1만 건에 육박하는 데이터를 얻을 수 있었다.

0~100점까지 스스로 행운 점수를 매긴다면 몇 점을 주겠느냐는 질문에 평균 72점이라는 점수가 나왔다. 낮은 점수라고는 할 수 없었지만 그들의 전체 생활 만족도는 65점에 그쳤다. 시험이라고 생각하면 겨우 '턱걸이 합격점'에 지나지 않는 셈이었다. 물론 인생이 시험은 아니지만 말이다.

그런데 흥미로운 점은 이 설문조사를 통해 얻은 데이터에서도 그랬지만 이후 진행한 방문조사에서도 사람 대부분이 '행운'에 대해 모순적인 마음을 가지고 있다는 사실을 발견할 수 있었다는 것이다. 보통 사람들은 스스로 운이 좋은 편이라고 생각하며 더 큰 행운을 좇으면서도 지금보다 훨씬 나은 미래는 감히 상상도 할 수 없다는 듯 "평생 무탈하게 살면 그걸로 충분하다"고 말했다.

사실 순탄한 인생을 산다는 건 생각처럼 그리 쉬운 일은 아니다. 손가락 끝으로 농구공을 돌리려면 끊임없이 공을 회전시키며 균형을 유지해야 하듯, 주변 환경 때문에 어쩔 수 없이 달라진 자신과 마주하지 않으려면 매일같이 변화하는 세상에 발맞춰 나가며 자신 또한 달라져야 하기 때문이다. 그래서 나는 개인적으로 이 말을 참 좋아한다.

스스로 자신의 운명을 결정하지 않으면 언젠가는 운명의 결정에 휘둘린다.

요컨대 미래를 위한 긍정적이고 진취적인 계획을 세우는 것, 그리고 변화무쌍한 인생에 대비해 정신적, 정서적 안정을 유지할 방법을 찾는 것. 이 두 가지가 바로 운 좋은 인생을 만들어가는 데 고민해야 할 과제다.

내가 이 책을 집필한 이유도 여기에 있다. 인생에 들이닥치는 수많은 불행이 찰나의 판단과 일 처리의 방식에서 비롯되는 만큼 우리에겐 얼마든지 그 불행들을 피해 갈 여지가 있음을 깨달았기 때문이다. 인생의 맹점들을 제대로 파악한다면 그로 말미암은 어려움을 피해 더 당당히 인생의 여러 도전에 맞설 수 있다. 내가 이 책을 통해 나누고자 하는 이야기는 바로 이런 개념에 관한 것이다. 요컨대 전작《돈과 운을 끌어당기는 좋은 심리 습관(Get Lucky 1)》이 '행운을 좇는 방법'이라면 이 책은 '불행을 피하는 방법'이다.

　독자 여러분 모두가 더 건강하게, 더욱 긍정적으로, 좀 더 과학적인 태도로 미래의 여러 기회를 간파하면서 자신만의 행운을 찾길 바란다. 그 길을 가는 데 이 책이 든든한 기반이 되어줄 것이다. 부디 불행을 행운으로 바꾸며 평온하면서도 활기찬 일상을 살아가길 기원한다.

류쉬안

# PROLOGUE

몬테카를로의 오류

1만여 가구가 모여 사는 해안 소도시 몬테카를로는 예로부터 세도가들이 운집하던 곳이었다. 선착장에는 초호화 개인 요트가 정박해 있고, 도로에는 스포츠카가 택시만큼이나 흔했다. 시내의 몬테카를로 카지노 또한 세계적인 부자들이 돈을 뿌리는 곳으로 유명했다.

그런데 어느 날 온갖 일이 벌어지는 몬테카를로 카지노에서조차 가히 이변이라고 할 만한 사건이 벌어진다. 이 사건은 100년이 넘도록 사람들에게 회자되며 지금도 여전히 현지의 전설로 남아있다.

1913년 8월 18일, 그날도 어김없이 몬테카를로 카지노는 그곳을 찾은 손님들로 북적였다. 그런데 갑자기 룰렛 테이블 쪽에서 간간이 기함이 터져 나오며 사람들의 이목을 집중시켰다.

룰렛 딜러는 새하얗게 질린 얼굴로 더듬거리며 말했다.

"매, 맹세코 저는 어떤 조작도 하지 않았어요. 정말이에요!"

그때 카지노 관리자가 와서 물었다.

"무슨 일입니까?"

"룰렛이 이상해요!"

한 손님이 큰 소리로 외쳤다.

"벌써 13회 연속으로 검은색이 나왔다고요!"

룰렛 게임을 해보지 않은 사람도 아마 한 번쯤은 룰렛을 본 적이 있을 것이다. 룰렛의 테이블 레이아웃에는 플레이어가 베팅을 할 수 있도록 휠 헤드와 같이 검은색과 빨간색 바탕에 숫자가 적혀 있다. 플레이어가 이 테이블 레이아웃에 칩을 올려 베팅을 하고 나면 딜러가 룰렛 휠의 반대 방향으로 구슬을 굴리는데, 이 구슬이 특정 번호에 낙착되면 그 번호 또는 색깔에 베팅한 플레이어가 승자가 된다.

일반적으로 룰렛에서 구슬이 빨간색 혹은 검은색 숫자에 낙착될 확률은 50:50이다. 그러나 그날 저녁 이 룰렛 테이블은 귀신이라도 들린 듯 13회 연속으로 검은색 숫자에 구슬이 떨어진 것이다. 이는 동전 던지기를 해서 13회 연속 같은 면이 나온 것만큼이나 희한한 일이었다.

카지노 관리자는 말했다.

"여러분이 보시는 것처럼 이 게임은 속임수를 쓸 수가 없습니다. 그저 색깔이 같았을 뿐, 매번 다른 숫자에 낙착이 되었으니 조만간 빨간색 숫자가 나올 겁니다!"

그러자 한 플레이어가 칩을 베팅하며 말했다.

"그럼 나는 빨간색에 걸겠어요! 계속 검은색이 나올 리는 없으니까!"

"맞네. 그러네!"

이야기를 듣고 있던 다른 플레이어들도 빨간색에 베팅하기 시작했다. 그러나 다시 한번 구슬을 굴려도 결과는 역시 검은색이었다.

어느새 카지노 전체로 소식이 퍼져나가면서 손님들은 룰렛 테이블로 몰려들었고 거액의 베팅이 빨간색 숫자로 몰리기 시작했다. '상식 밖이라 할 만큼 이미 여러 번 연속으로 검은색이 나왔으니 다음번은 분명 빨간색일 거야!'라는 생각에서였을 것이다.

모든 이의 예상을 깨고 다시 검은색 숫자에 구슬이 떨어지자 다들 야단법석이었지만 그래도 사람들은 빨간색 숫자에 베팅을 멈추지 않았다. 그렇게 결국 빨간색 숫자에 낙착이 되었다. 무려 26회 연속으로 검은색 숫자가 나온 끝에 말이다.

그랬다. 그날 저녁 26회 연속 검은색 숫자 낙착이라는 거의 불가능한 기록이 세워진 것이다. 이런 대기록 끝에 빨간색 숫자가 나오기까지 어떤 이는 계속 빨간색에 베팅하다가 돈을 모조리 날렸

고, 또 어떤 이는 그런 끝에 기절하기도 했다. 그야말로 아수라장
이던 그 상황에서 최대 수혜자는 하룻밤 사이 수백만 프랑을 벌어
들인 카지노 측이었다.

이후 몬테카를로 사건은 하나의 산 교제가 되어 '도박사의 오류
(Gambler's Fallacy)' 또는 '몬테카를로의 오류(Monte Carlo Fallacy)'
라 불리고 있다.

사람들은 보통 '이렇게 연달아 검은색이 나오는 건 정말 흔치 않
은 일이야. 그러니 다음엔 분명 빨간색이 나올 거야. 그래야 확률
적으로 균형이 맞지!'라고 생각한다. 그러나 이후 빨간색이 나올
확률은 이전 결과와 아무런 연관이 없다.

동전 던지기를 예로 들어보자. 동전을 던져 앞면 혹은 뒷면이 나올 확률은 50:50이다. 그렇다면 연속으로 동전을 던져 모두 앞면이 나왔다고 가정할 경우, 다음번에 뒷면이 나올 확률이 더 높아질까? 그렇지 않다. 동전을 몇 번 던지든 이는 모두 각각의 독립적인 사건으로 이전의 결과와는 아무런 연관성이 없기 때문이다.

물론 우리가 우주 탄생 초기부터 지금까지 쉼 없이 동전 던지기를 해왔다고 가정하고 모든 결과를 합산한다면 앞면과 뒷면이 나올 확률이 50:50에 가까울 것이다. 하지만 그사이의 역사 기록을 하나하나 펼쳐보면 연달아 앞면 혹은 뒷면이 나왔던 경우도 있을지 모른다. 어쩌면 수백만 번 연속으로 앞면 혹은 뒷면이 나왔을 수도 있다. 그런 일이 가능할까 싶겠지만 전체적으로 보면 이는 지극히 정상적인 무작위 현상이니 말이다.

요컨대 같은 일을 여러 차례 되풀이할수록, 그 시간이 길수록 기적처럼 보이는 결과들이 나올 수 있다. 바꿔 말하면 우리가 인생에서 기적을 만나게 되는 일은 일종의 필연이라고도 할 수 있다는 뜻이다. 다만 문제는 그 기적이 좋은 기적인지 나쁜 기적인지에 있다.

얼마 전 편의점에서 차예단(茶葉蛋, 찻잎·간장·향신료 등을 넣어 삶은 달걀) 두 개를 구매하고 받은 영수증 복권(타이완에서는 영수증과 복권을 통합해 물건 구매 시 영수증 장당 특정 번호를 발급해주는데, 이 번호가 곧 복권 번호인 셈이다. 복권 추첨은 2개월에 한 번씩 홀수 달 25일에 진행하며 당첨금은 스페셜, 그랜드, 1~6등, 보너스 당첨까지 차등 지급된다. 우리나라의 로또와 달리 스페셜 번호, 그랜드 번호, 1등 번호, 보너스 당첨 번호가 각각 다르다. 2~6등은 1등 번호에서 마지막 7자리, 6자리, 5자리, 4자리, 3자리가 일치하는 경우다)이 당첨되어 당첨금 1,000만 대만달러(한화로 약 4억 원)의 주인공이 되었다는 아무개 씨의 사연이 뉴스에 난 적 있다. 아무개 씨는 분명 자신이 행운아라고 생각했을 것이다. 그러나 나는 애초 그의 앞뒤로 계산을 마쳤을 손님을 생각하지 않을 수 없었다. 끝자리 하나 차이로 '꽝'이 된 셈이니 그 아쉬움이 얼마나 컸겠는가? 당첨 번호를 확인하며 욕설을 내뱉었을지도 모를 일이다.

나도 영수증 복권을 모아두는 습관이 있고, 추첨 때마다 번번이 참패를 면치 못하고 있지만 그 두 사람이 느꼈을 아쉬움에는 비할 바가 못 되지 싶다. 이러나저러나 결론은 같지만 느낌이란 그렇게 다른 것이니 말이다.

그런데 사실 복권에 당첨됐든, 아깝게 '꽝'이 됐든 아니면 '그냥 꽝'이 됐든 이 모든 결과는 그저 우연에 불과하다. 다만 이 우연한 경험이 자신에게 득이 되었다면 그 사람에겐 '기적' 또는 '행운'이 되고, 그렇지 못한 사람에겐 '불운' 또는 '액운'이 되는 것일 뿐이다.

우리의 삶 속에 우연은 늘 존재한다. 좋은 우연과 나쁜 우연의 차이는 우리에게 유리한 일인지 아닌지에 달려 있을 뿐이다.

변화에 대처할 줄 아는 사람은 그다지 중요해 보이지도 않고, 심지어 부정적으로 보이기까지 하는 우연을 행운의 인연과 기회로 바꿔놓는다.

물론 다른 사람과 자신을 비교하지 않기란 그리 쉬운 일이 아니다.

길을 걷다 5만 원을 주웠다고 가정해보자. 그 순간 당신은 분명 이게 무슨 횡재인가 싶었을 것이다. 그런데 당신과 함께 길을 걷던 친구가 복권을 주웠고 그 복권으로 1등에 당첨되었다면 어떨까? 그래도 당신은 여전히 자신을 운 좋은 사람이라고 생각할까?

우리는 항상 주변 사람들과 자신을 비교하며 스스로 운이 좋은지 나쁜지를 판단한다. 어떤 이들은 부귀영화를 누리며 살면서도 주변 사람들이 자신보다 더 행복한 것 같다는 생각에 우울해하기도 한다.

비교하는 마음이 생기는 건 어쩔 수 없다. 하지만 좀 더 즐거운 인생을 살길 원한다면 점수를 낸 누군가를 보며 자신의 패가 형편없음을 한탄할 것이 아니라 자신이 손에 쥔 패에 집중해야 한다.

나쁜 패 얘기가 나와서 하는 말이지만, 일상생활에서 도박사의 오류에 빠지는 경우는 생각보다 흔하다. 예컨대 '어떤 사물이나 사건이 극단으로 치달으면 반드시 그 반대 방향으로 전환될 것'이라는 생각으로 운세가 자연히 바뀌길 기대하는 사람이 많다. 하지만 현실은 그리 녹록지 않다.

그렇기에 인과관계를 명확히 파악해야 할 필요가 있는 것이다. 실패하더라도 그 이유를 알아야 한다. 느낌만으로 일을 처리해서는 안 된다. 카드 테이블에서 가장 노골적으로 드러나는 도박사의 오류는 이런 식이다. '어떻게 내가 이렇게 연거푸 질 수 있지? 한 판만 더 해보자!' 또는 정반대로 '지금 한창 운이 좋으니 딱 한 번만 더하자!'라고 생각하는 것이다.

후자와 같은 현상을 우리는 '뜨거운 손 오류(Hot-hand Fallacy)'라고 부른다. 일부 플레이어는 자신이 게임에서 이기면 '운에 물이 올랐다'고 생각하고, 게임에서 지면 '곧 운이 트일 것'이라고 믿으며 어떡하든 베팅을 이어가다 결국 더 깊은 수렁에 빠지고 만다.

물론 프로 텍사스 홀덤(Texas Hold'em) 선수처럼 도박을 잘 이해하는 사람들도 운을 믿기는 한다. 하지만 그들은 그보다 '분석'을 더 신뢰한다. 패가 안 좋을 때는 적게 잃을 방법을 고심하고, 패가 좋을 때는 최고의 수익을 가져올 수 있도록 과감하게 베팅한다. 그들은 공격과 수비를 넘나드는 기술로 여러 라운드를 거치며 승부의 격차를 벌리는데, 여기에는 심리전이나 두뇌 싸움도 한몫하지만 냉철한 판단이 더 중요한 역할을 하는 경우가 많다. 프로 플레이어들은 충동적으로 움직이지 않는다. 안정이 그들의 승리 비결인 셈이다.

인생도 마찬가지다. 운이란 본래 좋을 때도 나쁠 때도 있다. 황당무계한 논리와 감정에 휘둘리지 않고 공수(攻守)를 넘나들며 작게 지고 크게 이기려 한다면 행운은 날로 존재감을 드러낼 것이다.

요컨대 진정한 기회가 왔을 때 이를 거머쥘 방법을 알고 있느냐가 관건이다.

조금 더 나은 인생을 매일 추구하다 보면 행운의 물꼬를 틀 기회가 온다.

그러니 지식으로 무장해 난관을 극복하며 굴곡진 인생에서 조금씩 안정을 찾아가라.

인맥과 에너지를 축적하면 기적이라는 우연이 필연이 되어 찾아오는 날, 당신은 분명 이렇게 말할 수 있을 것이다.

"난 준비됐어!"

자, 그럼 어떻게 하면 자신이 가진 심리적 맹점을 파악하고 불행을 피해 행운을 만들어낼 수 있는지 함께 그 방법을 알아보자!

# INTRODUCTION

행운을 꿰뚫어 보는 눈

내가 이 책의 주제를 '행운을 꿰뚫어 보는 눈'으로 삼은 데는 이유가 있다. 바로 독자들이 심리적 맹점을 분명히 파악할 수 있도록 돕고 싶은 마음에서다.

우리의 눈에는 각각 하나의 맹점(Blind Spot)이 있다. 망막신경이 두뇌로 연결되는 바로 그 부분에 말이다. 자신의 시각적 맹점을 찾는 방법은 꽤 간단한데, 어린 시절 한 번쯤은 해봤을지도 모를 이 게임을 통해서도 맹점을 찾을 수 있다.

왼쪽 눈을 감고, 오른쪽 눈으로 왼쪽의 동그라미를 주시하며 천천히 책을 앞뒤로 움직여보자. 그러면 오른쪽의 엑스 표시가 시야에서 완전히 사라지는 지점을 발견할 수 있을 텐데, 그때가 바로 당신의 오른쪽 눈이 시각적 맹점에 놓인 순간이라고 할 수 있다.

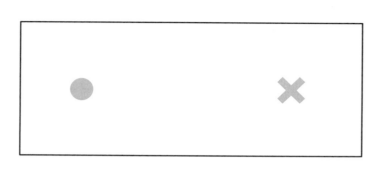

이때 책을 그대로 고정한 채 왼쪽 눈을 뜨고, 오른쪽 눈을 감은 다음 왼쪽 눈으로 오른쪽 엑스 표시를 주시하면 왼쪽의 동그라미도 시야에서 사라질 것이다. 한쪽 눈의 맹점을 찾으면 보통 다른 쪽 눈의 맹점도 그와 같은 위치에 있는 경우가 많기 때문이다.

여기서 신기한 점은 시각적 맹점이라고 해서 해당 부분이 그냥 '빈 구멍'으로 보이지는 않는다는 것이다. 우리의 두뇌가 자동으로 화면을 메우기 때문이다. 예컨대 배경이 흰색이면 해당 부분을 흰색으로 메우는 식인데, 배경색을 바꿔도 마치 똑똑한 포토샵 프로그램이 작동하듯 자동으로 색을 보정한다.

이처럼 생각을 전혀 거치지 않고 '자동으로 빈 곳을 메우는' 재주는 인간의 두뇌가 가진 대단한 능력이기도 하다. 그런데 심리적 맹점 또한 시각적 맹점과 유사한 구석이 있다.

심리적 맹점(Scotoma)이란 어떤 일을 판단하는 데 대한 편견 (Bias)과 오류(Fallacy), 어림짐작(Heuristic)을 일컫는다. 이는 좀 더 빠르게 자신의 안위를 판단하여 '직관적' 반응을 하기 위한 두뇌 의 선천적 연산 기술에 속한다.

예를 들어보자. 사람들은 대부분 권위의 상징(예컨대 하얀 의사 가운을 입은 사람) 앞에서 고분고분해지고 심지어 맹목적으로 복종 하기도 하는데, 이는 우리가 사회적 동물인 것과 매우 큰 연관이 있다.

모든 구성원이 권위를 따라야 집단의 평화가 유지되다 보니, 순 순히 협력하는 일이 규격화된 일종의 기본 태도가 되어버린 것이 다. 물론 이는 사회적 평화에 도움 되지만, 인간의 심리적 맹점을 활용할 줄 아는 누군가가 권위자로 가장한다면 얼마든지 사람과 재물을 편취해 개인의 목적을 달성할 수도 있다.

문제는 시각적 맹점과 마찬가지로 심리적 맹점 또한 우리 스스 로 그것을 인식하기 어렵다는 데 있다. 보통 사람들은 자신이 이 성적인 사고를 하고, 공정한 판단을 내리며, 사실에 근거하여 옳 고 그름을 따진다고 생각한다. 자기 두뇌가 자신을 위해 열심히 위로의 반창고를 붙이고 있다는 사실을 까맣게 모른 채 말이다.

예컨대 많은 사람이 흔히 범하는 오류인 '확증 편향'은 자신의 선입견에 부합하는 정보를 자동 선별해 이와 상반되는 의견을 무 시하게 만든다는 자체만으로 자기를 보호하기 위한 심리기제라고 할 수 있다. 이러한 맹점은 생각의 사각지대를 만든다.

운전할 때도 운전석 좌우 90도 위치에 이른바 '시야의 사각지대'
가 존재한다.

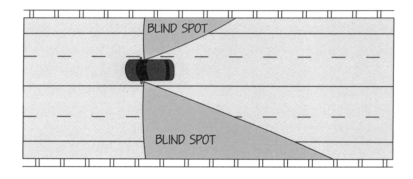

이 구역은 백미러를 통해 정확히 확인하기가 어렵기 때문에 운
전자는 늘 사각지대에 신경을 써 안전을 확보해야 한다. 주행할
때 우리가 최대한 옆 차와의 간격을 유지하는 이유는 다른 운전자
에게도 이러한 시야의 사각지대가 존재함을 알기에 되도록 그들
의 사각지대에 들어가지 않도록 하기 위함이다.

마찬가지로 우리가 자기 사고의 맹점을 파악하고 있으면, 이후
어떤 문제에 직면했을 때 다각도로 교차 확인하도록 스스로 일께
울뿐더러 타인의 오류나 맹점에 빠지는 것도 피해 갈 수 있다.

운명이 우리에게 어떤 변화구를 던질지 예측하긴 어렵지만 우리는 이를 이해하고, 자신이 실수할 수도 있는 부분을 판단해야 한다. 그래야 다음에 또 여의찮은 상황이 발생했을 때 그 연쇄작용으로 더 큰 불행이 닥치는 걸 예방할 수 있다. 바로 이러한 과정에 도움 되길 바라는 마음으로 이 책을 집필했다.

이 책은 사람들이 가장 흔히 겪는 불행과 그 불행을 피하는 법을 총 3장에 걸쳐 다룬다.

## PART 1 불상사로 말미암은 불행 피하는 법

인생은 언제나 우리의 예상을 비껴간다. 그런데 의외의 사건을 맞닥뜨렸을 때 발휘되는 본능 중에는 사실 우리의 생존에 불리하게 작용하는 것들도 있다. 1장은 불상사 때문에 생길 수 있는 심리적 맹점을 알아보고, 불상사가 발생했을 때 어떻게 대처해야 더 큰 불행으로 치닫는 상황을 막을 수 있을지에 관하여 이야기한다.

## PART 2 속임수로 말미암은 불행 피하는 법

우리 사회에는 셀 수 없을 만큼 많은 속임수가 존재하며, 그 수법 또한 나날이 새로워지고 있다. 그런데 많은 사람이 종종 스스로 그 덫에 걸려들곤 한다. 인간의 심리적 약점을 이용하는 사기꾼들이 똑똑한 사람도 감쪽같이 속여 정신을 못 차리게 만들기 때문이다. 2장은 모두가 더 밝은 시야로 좀 더 똑똑한 삶을 살길 바라는 마음으로, 우리를 그토록 쉬이 속아 넘어가게 만드는 심리적 맹점에 관하여 이야기한다.

## PART 3 소인으로 말미암은 불행 피하는 법

소인(小人)은 말 그대로 덕이 없고 간사한 사람을 일컫는 만큼 결코 쉬운 상대가 아니다. 그들 때문에 생기는 불행을 피해 가려면 방법의 전환이 필수다. 그들이 할 법한 말이나 쓸 법한 수단으로 응수할 것이 아니라 소인이라는 생물을 완전히 다른 시각으로 바라봐야 한다는 뜻이다. 3장은 실생활에서 적용 가능한 소인 대처법을 소개하고 이를 통해 인간관계를 어떻게 관리할 것인지에 관하여 이야기한다.

## 이 책을 활용하는 방법

전작 《돈과 운을 끌어당기는 좋은 심리 습관(Get Lucky 1)》이 매일매일 꾸준한 연습으로 더 많은 행운의 기회를 만들길 바라며 행운을 부르는 9가지 생활 습관을 소개하는 책이었다면, 이번 책은 심리에 대한 상식을 늘리는 데 목적을 두고 개념을 소개하는 책이다. 한마디로 1권이 연습을 위한 책이었다면, 2권은 이해를 위한 책이라고 할 수 있다.

우리가 어떻게 하면 자신의 건강을 좀 더 잘 돌볼 수 있는지 의학적 상식이나 음식에 관한 상식을 제공하는 책들이 있는데 이 책도 그와 비슷한 선상에 있다. 내가 이 책을 통해 심리학적 개념을 소개하는 이유는 많은 사람이 자신의 신비한 뇌를 더 깊이 이해할 수 있길 바라는 마음에서다. 그러면 언젠가 뜻밖의 상황에 맞닥뜨리더라도 이를 분석하고, 이해하고, 나아가 불행한 결과를 피해 갈 수 있을 테니까 말이다.

자, 그럼 이제 본격적으로 '행운을 꿰뚫어 보는 눈'을 키우러 가보자!

GET LUCKY!
행운을 꿰뚫어 보는 눈

# CONTENTS

# PART 1

## 불상사로 말미암은 불행 피하는 법

# PART 2

## 속임수로 말미암은 불행 피하는 법

# PART 3

## 소인으로 말미암은 불행 피하는 법

# 불상사로 말미암은
# 불행 피하는 법

GET LUCKY!

# 부주의함의 진실

    일상 속의 여러 불행은 순간의 부주의에서 비롯된다. 나의 흑역사처럼 말이다.

    가족들이 모두 외출하고 나 혼자 집에 있던 어느 날의 일이다. 그날은 나도 남부에서 강연이 있던 터라 고속철을 타러 갈 채비를 하는데 아내에게서 전화가 걸려왔다.

    "여보, 내가 열쇠를 챙겨 나온다는 걸 깜빡했지 뭐야. 이따가 외출할 때 잊지 말고 꼭 경비실에 열쇠 좀 맡겨줘. 안 그러면 나랑 아이들이랑 집에 못 들어가니까!"

    나는 "OK, 알겠어!"라고 대답했고 이에 아내는 재차 당부하며 말했다.

"절대 잊어버리면 안 돼!"

강연을 준비할 때면 온통 거기에 정신이 팔려 다른 일을 잘 챙기지 못하는 나를 너무나도 잘 알기 때문이었다. 나도 행여 내가 잊어버릴까 봐 겁이 나 전화를 끊자마자 여분의 열쇠부터 바지 주머니에 챙겨두었다. 1층에 내려가자마자 경비실에 맡길 수 있도록 말이다.

그런 다음 나는 늘 그렇듯 콜택시를 예약하고, 노트북 컴퓨터를 챙기고, 세수하고, 옷을 입고, 신발을 신고 집을 나섰다. 문단속하고 엘리베이터에 올라타면서 속으로 연신 '열쇠 맡기자!'를 되뇌었다.

잠시 후 엘리베이터가 1층에 도착해 문이 열리고, 뜨거운 공기가 훅 내 얼굴을 덮쳤다. 최소한 35도는 넘는 모양이었다.

빠른 걸음으로 중정을 지나자 로비의 유리문 너머로 이미 도착해 있는 택시가 보였다. 이에 나는 걸음을 더욱 재촉해 관리인과 인사를 나눈 후 서둘러 택시에 올라탔고, 나를 태운 택시는 타이베이역으로 직행했다.

고속철이 속력을 내는 소리와 함께 객실이 미세하게 흔들리면서 어쩐지 나른함이 몰려왔다. 나는 생각했다.

'눈 좀 붙여야겠다. 그래야 가오슝(高雄, 타이완 남쪽의 항구도시)에서는 정신을 차리지. 그래도 돌아올 때는 자지 말자. 늦은 시간에 졸면 집에 가서 밤잠을 설칠 거야…… 아, 집!'

순간 심장이 쿵 내려앉으면서 온몸에 식은땀이 흘렀다.

'집…… 오, 맙소사! 열쇠!'

바로 그때 휴대전화가 울렸다.

아내의 목소리는 서릿발처럼 차가웠다.

"열, 쇠, 어디 있니?"

가엾게도 아내는 그날 두 아이를 데리고 어쩔 수 없이 한나절을 밖에서 떠돌아야 했다. 이뿐만 아니었다. 당시 돌을 겨우 넘긴 아들을 위해 당장 필요한 기저귀며 분유를 다시 구매해야 했고, 이웃에게 화장실까지 빌려 써야 했다. 내가 일을 마치고 헐레벌떡 집으로 돌아갔을 때 세 사람은 문 앞에서 나를 기다리고 있었는데, 그 모습이 어찌나 지쳐 보이던지 석고대죄라도 해야 할 판이었다.

참 얼빠진 인간이 따로 없지 않은가? 가족이 안중에 없는 것도 아닌데 어째서 조금 전까지 되뇌던 일을 잠깐 사이에 그토록 까맣게 잊어버린 걸까?

# 부주의가 비극을 초래하지 않도록

2014년 7월 7일은 카일 세이츠에게 평생 가슴을 치며 후회할 날로 남아 있다.

그날 아침 카일은 일이 있는 아내를 대신해 출근길에 한 살배기 아들 벤자민을 어린이집에 맡기기로 했다. 그는 조심스럽게 차량 뒷좌석의 유아 카시트에 벤자민을 태우고 안전벨트까지 잘 채운 다음 출근길에 올랐다.

무수히 오갔던 만큼 과장을 조금 보태 눈 감고도 찾아갈 수 있을 정도로 익숙한 출근길이었다. 그런데 회사에 가서 처리해야 할 일과 그날 있을 회의 생각에 잠깐 정신이 팔린 사이…… 아뿔싸, 어린이집으로 가는 길목을 지나치고 말았다.

카일은 생각했다.

'괜찮아. 기왕 이렇게 된 거 커피나 한 잔 사서 가지, 뭐!'

그는 그 길로 모퉁이를 돌아 커피숍에 들러 커피를 구매한 후 일터를 향해 계속 차를 몰았다. 회사에 도착한 카일은 주차장에 차를 주차하고 문단속한 다음 온종일 일했다.

그러고는 5시가 조금 넘어서 어린이집으로 아들을 데리러 갔다.

"오늘은 벤자민이 안 왔는데요!"

어린이집 선생님의 말에 카일은 화들짝 놀랐다.

'이상하네. 오늘 아침 출근길에 아이를 먼저 데려다주고……'

목격자의 표현에 따르면 당시 카일은 감전된 사람마냥 혼비백산해 재빠르게 어린이집을 뛰쳐나갔고, 얼마 후 주차장 쪽에서 처절한 울음소리가 들려왔다고 한다.

카일의 아내가 병원으로 달려갔을 때 그녀는 눈물로 얼굴이 퉁퉁 부은 남편의 모습을 보고 이미 늦었다는 사실을 직감했다.

그날 바깥 온도는 27도 정도밖에 되지 않았지만 내리쬐는 햇빛에 밀폐된 차 안의 온도는 달걀을 익히고도 남을 정도로 치솟아 있었다. 법의학자의 부검 결과 벤자민은 열사병으로 장기가 손상되어 사망한 것으로 나타났다.

이 얼마나 가슴 아픈 비극이란 말인가!

그런데 이는 보기 드문 사고라고는 할 수 없다. 미국에서만 매년 여름 이런 사고로 평균 40명의 아이가 목숨을 잃고 있으니 전 세계적으로 신고되지 않은 사건까지 따지면 그 수치가 훨씬 높다는 뜻이기 때문이다.

이 글을 쓰던 당일에도 미국 플로리다주에서 '차량 내 유아 방치' 사건이 일어났는데 그 과정이 앞서 말한 사고와 거의 비슷했다. 해당 사건의 부모는 중국계 미국인으로 현지 법원에서 검사로 일하는 사람들이었다.

부모가 어떻게 그렇게 부주의할 수 있는지, 어떻게 자신의 귀한 자식을 까맣게 잊어버릴 수 있는지 의아할지도 모른다.

실제로 이런 뉴스가 전해질 때마다 세상에는 "고의적으로 그런 거네!", "이런 인간은 부모가 될 자격이 없어!", "내가 아무리 얼이 빠졌어도 이렇게 용서받지 못할 큰 실수는 안 한다!" 등 온갖 지탄의 소리가 쏟아진다.

그러나 경찰 측의 역대 보고서를 살펴보면 사실 학력이나 지능, 가계소득 수준에 상관없이 누구나 이런 잘못을 저지를 수 있다는 사실을 알 수 있다. 예컨대 카일 세이츠와 그의 아내는 각각 컴퓨터공학자와 변호사로 일하는 고소득자로 안정적인 생활을 영위했다. 그러나 순간의 부주의가 행복 가득했던 삶을 순식간에 악몽으로 바꿔놓은 것이다.

물론 순간의 부주의는 누구나 할 수 있으며, 보통은 그리 큰 문제가 되지 않는다. 문제는 언젠간 열쇠나 우산, 지갑을 챙기는 일이 아니라 이보다 훨씬 더 중요한 무언가를 잊어버릴지도 모른다는 데 있다.

분명 신경을 쓰고 있던 일임에도 어떻게 그리 깜빡 잊을 수 있는 걸까?

나는 '열쇠 사건' 이후 무슨 일이 있어도 절대 방심하지 않으려 노력하며 관련 문제에 대한 연구를 진행했다. 그리고 그 결과 이것이 은행을 많이 먹고, 커피를 많이 마셔서 해결할 수 있는 문제가 아님을 발견했다. 이는 '습관'에 '주의력 분산'이 더해져 발생하는 문제였다.

하지만 나는 믿는다. 사람은 누구나 부주의할 때가 있게 마련이지만, 그 원인을 이해한다면 이런 맹점들로 말미암은 불행을 예방할 수 있을 것이라고 말이다.

GET LUCKY!
CHAPTER 1

# 당신은 오늘 양치를 했는가?

사람들은 왜 부주의해지는 걸까? 그 주요 원인에는 세 가지가 있다.

- 정신이 맑지 않아서다. 잠이 부족하거나 스트레스가 클 때, 술을 마셔서 정신이 없을 때는 당연히 실수하기가 쉽다.
- 정신이 팔려 있어서다. 특히 일이 몹시 바빠 동시에 여러 일을 처리해야 할 때는 주의력이 분산되어 실수를 저지르기 십상이다.
- '절전'을 위해서다. 대다수 사람은 이런 사실을 전혀 모르고 있을 테지만 말이다.

세 번째 원인에서 고개가 갸웃했겠지만 잘못 본 게 아니다. 절전, 즉 자신의 두뇌 에너지를 절약하기 위해서 인간은 부주의해진다.

인간의 뇌는 그 무게가 1.5킬로그램 정도밖에 되지 않지만 소비 열량은 전신의 1/5을 차지한다. 컴퓨터 CPU와 마찬가지로 어떤 사고를 할 때 꽤 많은 에너지를 사용하는 것이다. 최근 출시되는 노트북 컴퓨터에는 캐시(Cache, 주기억장치와 중앙처리장치 사이에 있는 고속 버퍼 메모리) 기능이며 클럭(Clock, 동작 속도 또는 주파수) 자동 조절 기능이 있는 CPU가 기본 탑재되는데, 사실 우리의 두뇌에도 수천 년의 진화를 거쳐 탄생한 각종 '절전' 기능들이 존재한다. 두뇌 에너지를 절약하는 일은 곧 체력을 아끼는 일로 인간의 생존과도 직결되기 때문이다. 다시 말해서 '두뇌 절전'이란 단순히 우리가 게을러서 혹은 쉬어 가길 좋아해서 작동되는 기능이 아니라 적게 먹고도 살아남을 수 있게 만드는 일종의 생존 모드인 셈이다.

두뇌의 대표적인 절전 방식 중 하나는 바로 '습관'을 만드는 것이다. 어떤 일을 반복 수행해 익숙해지기 시작하면 우리의 두뇌는 여러 동작을 자동화하여 많은 생각을 거치지 않고도 그 일을 수행할 수 있게 만든다. 예를 들어보자.

당신은 오늘 이를 닦았는가? 닦았다면 그 사실을 어떻게 아는가?

아마 대다수 사람에게 이는 물어볼 것도 없는 질문일 거다. 아침에 일어나면 원래 양치를 할 테고, 이는 어려서부터 지금까지 당연히 해온 일일 테니 말이다. 이를 닦는 동작 역시 따로 생각을 거치지 않아도 되는 우리의 오랜 습관일 것이다.

나도 가끔 잠이 채 가시지 않아 게슴츠레한 눈으로 욕실로 직행할 때가 있다. 심지어 양치를 끝내고도 여전히 비몽사몽이라 입안에 개운한 느낌이 없다면 방금 내가 뭘 했는지도 모르겠다 싶은 때도 있다.

습관적인 행동은 잘 짜인 프로그램과 같아서 이미 익숙해져 요령이 생긴 일들을 동시에 더 많이 수행할 수 있게 만든다. 우리에게 이런 절전 모드가 없었다면 피아노나 테니스 등을 배우지 못했을지도 모른다. 또 어쩌면 외출한 지 반나절 만에 녹초가 됐을지 모를 일이다.

GET LUCKY!
CHAPTER 1

# 절전 모드의 장단점

동물과 인간을 대상으로 한 실험을 통해 학자들은 습관적 행동이 다음 몇 가지 단계로 나뉜다는 사실을 발견했다.

CUE - ROUTINE - REWARD

먼저 습관적 행동에는 신호(CUE)가 필요하다. 즉, 신호가 떨어져야 행동을 수행하게 된다는 뜻인데 이 신호는 흔히 주변 환경에서 비롯된다. 신호는 어떤 물건일 수도 있고, 소리나 맛, 향 또는 전반적인 주변의 분위기일 수도 있다. 예를 들어보자.

- 벨소리를 들으면 우리는 휴대전화를 찾기 시작한다. 벨소리가 곧 신호로 작용해 '전화 받기'라는 행동을 하게 만드는 것이다.
- 아침에 일어나 욕실에 들어가면 우리는 양치질하고, 물을 틀어 세수한다. 아침과 욕실이라는 신호가 '아침 세안'이라는 행동을 유발하는 것이다.
- 사무실에 출근해 출근 카드를 찍고, 커피를 타고, 컴퓨터를 켜 메일을 확인하는 것도 마찬가지다.

우리의 두뇌는 신호를 감지하면 그에 따른 일상적 행동(ROUTINE)을 불러일으킨다. 일상적 행동이란 이미 우리의 몸에 밴 습관으로 컴퓨터에 빗대자면 '자동완성' 기능과도 같은 행동을 말한다. 이는 두뇌 에너지의 초절전 단계이기도 하다.

일상적 행동을 마치고 난 후 마지막 단계는 바로 보상(REWARD)이다. 여기서 보상이란 꼭 물질적 보상이나 실질적 칭찬 또는 격려가 아니라 어떤 습관에 대해 기대하는 결과를 말한다. 예를 들면 다음과 같다.

- 생쥐에게 보상은 바로 미로를 완주한 후 치즈를 얻는 것이다.
- 애연가에게 보상은 담배를 피우면 느껴지는 니코틴의 힘이다.

◆ 양치질을 예로 들면 입안에 맴도는 개운한 민트향이 곧 보상이다.
생각해보라. 이를 닦은 후 입안에 스테이크의 향이 맴돈다면 이상
하지 않겠는가?

요컨대 신호 – 일상적 행동 – 보상이라는 3단계가 우리의 가장
기본적인 '습관 고리(Habit Loop)'를 구성한다. 이 연결고리 중 우
리의 두뇌가 가장 활발하게 움직이는 때는 신호와 보상을 찾을 때
이며, 가장 무심해질 수 있는 때는 일상적 행동을 수행할 때다.

일상적 행동을 수행할 때 우리는 보통 아껴둔 두뇌 에너지를 활
용해 오늘은 외출할 때 무슨 옷을 입을까, 아침은 뭘 먹을까 등의
다른 할 일을 생각한다. 서던캘리포니아대학교의 심리학 교수 웬
디 우드(Wendy Wood)의 연구 추산에 따르면 보통 사람이 일상생
활에서 하는 행동의 약 40%가 습관적 행동에 속한다.

습관에 따른 절전 모드에는 장단점이 있다. 장점은 머리를 식히
거나 다른 일을 생각할 수 있는 시간이 많아져 거의 한 번에 두 가
지 일을 할 수 있다는 것이고, 단점은 습관 고리의 효과가 너무나
도 강한 나머지 자칫 다른 생각의 갈피를 덮어버릴 수 있다는 점
이다.

# 갑작스런 건망증

어떤 물건을 찾으려고 서둘러 방에 들어갔는데 막상 방에 불을 켜고 나니 뭘 찾으려던 건지 까맣게 잊어버린 경험이 있는가?

이러한 현상이 나타나는 이유는 방으로 향할 때의 모든 과정이 반자동 상태로 이뤄지기 때문이다. 방으로 향하는 동시에 다른 일을 생각하고 있었을지도 모를 일이라는 말이다. 그러다 온갖 신호로 가득한 익숙한 환경에 발을 들이게 되자 불을 켜는 순간 '어라, 방에 잠을 자려고 온 게 아닌데, 내가 왜 왔지?'라는 생각과 함께 명하니 멈춰 서게 되는 것이다. 마치 갑자기 꿈에서 깬 듯이 말이다.

하지만 그렇다고 해서 당신의 기억력이 감퇴했다는 뜻은 아니다. 반자동 절전 모드 상태에서 한눈을 팔다가 다시 주변 환경의 다양한 신호를 마주해 생각이 흐트러진 것뿐이니 기억력 개선에 도움을 준다는 음식이나 영양제를 서둘러 구매할 필요는 없다. 물론 이런 일이 빈번히 발생한다면 검사를 받아보는 게 좋겠지만 말이다.

# 습관 고리의 덫에 빠지다

습관 고리는 꽤 완고하기도 하다.

일단 우리의 두뇌가 '이건 내가 해야 할 일이야'라고 인정한 일을 제외하면 다른 에피소드는 새까맣게 잊힐 수 있다. 게다가 이렇게 정신이 팔려 깜빡하는 상황이 꼭 대수롭지 않은 작은 일에만 해당하는 것은 아니다.

'열쇠 사건'을 예로 들어보자. 나는 고속철을 이용할 때면 항상 집 앞에서 택시를 타고 역으로 이동한다. 택시를 부르고 집을 나서는 것이 내겐 하나의 루틴으로, 이 전체 과정은 이미 나의 습관적 행동에 속하는 셈이다.

당시 나는 엘리베이터에서 내리자마자 내 얼굴을 덮치는 뜨거운 공기에 순간 당황했는데, 이때 문 앞에 도착해 있는 택시를 발견하자 차에 올라타는 일상적 행동이 발동된 것이다. 그렇게 나는 발걸음을 재촉해 늘 그렇듯 관리인과 인사를 나눈 후 서둘러 차에 올라타기까지의 행동을 일사천리로 해냈다. 불과 몇 초 전까지만 해도 잊지 말고 열쇠를 맡기자고 다짐해놓고 습관 고리 밖의 에피소드라는 이유로 그처럼 열쇠 맡기기를 까맣게 잊어버린 것이다.

카일 세이츠에게 일어난 안타까운 사건에도 이와 유사한 특징이 있다. 사건 당일 그는 평소 습관대로 차를 몰다 어린이집으로 가는 길목을 지나쳤다. 하지만 당시 그는 편의를 위해 일단 자신의 습관대로 커피를 구매했다. 그런데 그 커피 한 잔이 그의 또 다른 루틴을 가동시켰을 가능성이 크다. 즉, 그의 두뇌가 커피를 구매했으니 이제 일터로 향해야 할 차례임을 '확인'했을 것이라는 뜻이다. 이때 아들이 여전히 뒷좌석에 타고 있었지만 아마도 잠이 들어 아무 소리가 나지 않았을 테고, 평소 차에서 내리기 전 뒷좌석을 따로 확인하는 습관이 없는 카일은 자연스레 차 문을 잠그고 일터로 향했을 것이다.

실제로 미국에서는 '차량 내 유아 방치' 사건에 관해 많은 연구가 진행되었는데 그때마다 거의 유사한 시나리오로 사건이 발생한다는 사실을 알 수 있었다.

부모가 평소와 달리 아이를 데리고 집을 나선 어느 날, 뒷좌석에 타고 있던 아이는 어느샌가 잠들어 기척이 없고, 다른 생각을 하던 부모는 차를 세운 후 자연스레 문을 잠그고 볼일을 보러 간다. 익숙한 환경에 발을 들이자마자 또 다른 습관적 행동이 발동되면서 아이는 완전히 잊히는 식이었다.

관련 조사에 따르면 학부모와 보모 4명 중 1명은 깜빡하고 아이를 어딘가에 두고 온 경험이 있는 것으로 나타났다. 물론 대다수의 경우 금세 자신의 실수를 깨달아 기껏해야 아이가 조금 놀라는 정도에서 일이 마무리되었지만, 간혹 비극이 발생하기도 했다. 요컨대 바쁠수록, 초조할수록, 익숙한 환경에서 급히 끝내야 할 일이 있을수록, 습관적인 비자각적 상태에 빠지기 쉽다.

내 아내는 평소 나보다 훨씬 세심하지만 그런 그녀도 부주의로 말미암아 여러 번 실수했다. 한번은 출근 전 드라이클리닝이 필요한 옷들을 관리인에게 맡긴다고 가지고 나갔다가 회사에 도착해서야 세탁물 가방을 여전히 들고 있음을 깨달았다.

우리 부부는 참 감사하게도 서로의 부주의함을 이해하고 실수를 용서한다. 그러나 한편으로는 부주의로 깜빡한 것이 세탁물 가방이 아니라 현금 가방이었다면, 열쇠가 아니라 내 아이였다면 어쩔 뻔했나 싶기도 하다.

GET LUCKY!
CHAPTER 1

# 준비는 일이 일어나기 전에

따라서 부주의로 말미암은 불상사를 피하려면 다음 몇 가지를 명심해야 한다.

❶ 충분히 수면을 취하고, 마음을 편안하게 하며, 하루 중 정신이 가

장 맑을 때 중요한 일을 처리하도록 한다.

❷ 해야 할 일들을 나열한 목록을 만든다. 목록에 적힌 일들을 모두 완료한 후에 다른 일을 하도록 하며, 정기적으로 목록을 확인하는 습관을 기른다. 자기 두뇌를 훈련하고 싶다면 장소법(p.52 참고)을 연습해도 좋다.

❸ '버그'를 심어 자신의 습관 회로를 교란한다.

❸에 대한 설명을 덧붙이자면 이렇다.

1945년 하버드대학교의 컴퓨터공학과에 문제가 생겼다. 당시 컴퓨터 한 대가 거의 방 전체를 차지하던 시절, 그 안은 온통 전선으로 들어차 있었다. 담당 교수는 그 안으로 들어가 컴퓨터를 점검했고 그 결과 문제점을 찾아냈다. 불나방 한 마리가 기판에 날아들어 단락(Short)을 초래한 것이었다. 교수는 이 불나방을 잡아 노트에 붙인 후 '버그를 잡았다'라고 기록했다.

그 이후로 버그를 잡는다는 뜻의 '디버깅(Debugging)'은 컴퓨터 프로그램의 오류 수정 작업을 뜻하는 말로 컴퓨터 개발자들의 관용어가 되었다.

그렇다면 컴퓨터 개발자들이 어떻게든 잡으려는 버그를 우리는 도리어 심어야 한다니, 이건 대체 무슨 뜻일까?

오늘 출근길에 아이를 어린이집에 맡겨야 한다고 가정하고, 차에
타기 전 뒷좌석의 유아 카시트 옆에 자신의 휴대전화와 서류 가방
을 놓아보자. 그러면 차에서 내릴 때 자신에게 휴대전화가 없음을
깨닫고 이로써 습관 고리를 교란해 자동 모드를 정지시킬 수 있다.

한마디로 버그를 심는다는 개념은 의도적인 실수로 평상시의
자동 모드를 중단시킴으로써 시의적절한 알림 효과에 도달하는
것을 말한다.

GET LUCKY!
CHAPTER 1

# 버그 심기에도 기술이 필요하다

'버그 심기'도 몇 번의 시행착오를 거쳐야 요령이 생긴다. 나도
버그 심는 연습을 갓 시작했을 때 이런 실수를 했었다.

그날도 역시 강연이 있던 날이었다. 개인 컴퓨터가 맥북
(Macbook)이라 일반 프로젝터에 연결하려면 특수 변환 잭이 필요
한데 강연장에 이 잭이 준비된 경우가 거의 없어서 나는 직접 잭
을 챙겨 다녔다.

보통 이 변환 잭은 내가 가지고 다니는 가방에 넣어두는데 그날
은 마침 가방을 바꿔야 해서 일단 책상 위에 잭을 올려두었다. 가
방을 챙길 때 한꺼번에 넣을 생각으로 말이다. 그러나 나는 강연

장에 도착하고 나서야 내가 잭을 두고 왔다는 사실을 깨달았다.

내가 범한 오류는 '눈에 보이면 잊어버리지 않을 것'이라는 착각에 있었다.

책상 위 눈에 띄는 곳에 변환 잭을 올려놓긴 했지만 한두 번 보다 보니 익숙한 느낌이 생겨 더 이상 주의를 기울이지 않게 된 것이다. 게다가 당시 나는 시간에 쫓기고 있었고, 머릿속엔 온통 강연 내용을 생각하느라 정신이 없었다. 한마디로 반자동 모드에 정신까지 분산된 상태로 가방을 챙기다 필요한 물건을 떡하니 눈앞에 두고도 그냥 지나친 것이다.

고지서를 받은 후 나중에 처리하자며 책상 위 잘 보이는 곳에 올려두었다가 납부 독촉장이 날아들고서야 공과금 납부를 까맣게 잊고 있었다는 사실을 깨닫는 사람이 적지 않은 것도 이와 같은 이유에서다. 책상 위에 놓인 고지서를 매일 보다 보니 갈수록 이에 무뎌지는 데다 시간이 흐를수록 다른 서류들이 쌓이면서 고지서의 존재를 완전히 잊게 되는 것이다. 출국을 앞두고 여권 등 중요한 물건을 책상 위에 두었다가 깜빡하는 경우도 마찬가지다.

당신도 이렇게 바보 같은 실수를 저지른 적이 있다면 책상을 자신의 '알림판'으로 삼지 말아야 한다! 그렇게 하면 금세 책상의 모습이 익숙해져 알림 효과를 잃게 될 뿐만 아니라 마땅히 찾아야 할 물건도 찾기 어려워질 테니 말이다.

요컨대 '버그'를 심을 때는 단순 주변 환경이 아닌 자신의 습관적 행동을 방해할 만한 경로에 방점을 찍어야 뜻밖의 효과를 낼 수 있다.

예를 들면 나는 외출 시 꼭 문을 잠그기 때문에 열쇠와 함께 변환 잭을 보관한다. 혹은 집을 나설 때 휴대전화를 챙겼는지 확인하는 습관이 있다는 점을 감안해 휴대전화와 함께 변환 잭을 두기도 한다.

그것도 안 되면 신발 안에 잭을 넣어둘 생각이다. 물론 그 전에 오늘은 무슨 신발을 신을지 결정해야겠지만 말이다.

마찬가지로 다른 날과 달리 아이를 데리고 출근길에 올랐다면 서류 가방에 기저귀를 챙기는 것만으로는 부족하다. 서류 가방과 휴대전화 그리고 사무실 열쇠까지 모두 아이의 곁에 두어야 한다. 그래야 비교적 안전하다.

또는 비서에게 먼저 전화를 걸어 "오늘, 날 보거든 아이를 데리고 나왔는지 꼭 물어봐줘요!" 하고 부탁해도 좋다. 비서는 없지만 출근하자마자 이메일부터 확인하는 습관이 있는 사람이라면 자신에게 미리 아이의 행방을 확인하는 취지의 메일을 보내놓는 것도 한 방법이다.

평소 회사에 도착하는 시간에 맞춰 휴대전화 알림을 설정해도 좋다. 일부러 습관의 고리를 어지럽혀야 반자동 모드에서 벗어날 수 있다는 것, 이게 포인트다.

★　★　★

*세상을 환히 들여다보기 어렵게 만드는 것이 있다면 이는 낯섦이 아니라 낯익음이다. 때로는 일상성이 사람의 눈을 멀게 하기 때문이다.*

로버트 M. 피어시그 Robert M. Pirsig, 《선과 모터사이클 관리술》 중

# 엄마이자 아내인 한 여성의 용기 있는 선택

2015년 4월 변호사의 배석 하에 출정한 카일 세이츠는 재판장의 판결을 기다렸다. 사건 수사 끝에 검찰로부터 '형사상 과실치사'로 기소되었기 때문이다. 그는 자기 잘못을 솔직하게 인정하며 어떤 법적 처벌도 달게 받겠다고 밝혔다. 하지만 재판장은 이렇게 선고했다.

"본 재판부는 세이츠 씨가 이미 충분히 힘든 시간을 견디고 있다고 생각합니다. 법적인 질책보다 스스로 더 큰 질책을 하고 있는 그에게 본 재판부는 더 이상 처벌을 내리고 싶지 않습니다. 전통적인 처벌법은 그의 상황에 적용될 수 없기 때문입니다."

재판장은 카일 세이츠의 법정 석방을 허락했고 그는 가족의 곁

으로 돌아갔다. 이후 그의 가족은 콜로라도주를 떠나 새로운 삶을 시작했다.

카일의 아내 린지는 대단히 강인한 여성이었다. 그녀는 카일의 잘못을 용서해주었을 뿐만 아니라 일련의 캠페인을 벌였다. 다른 부모들이 자신과 같은 아픔을 겪지 않도록 자동차 회사와 안전 기술을 연구해 이 기술을 의무 적용하도록 법안개정을 촉구하기도 했다.

미국의 시사주간지 〈타임〉에 실린 그녀의 인터뷰는 깊은 감동을 준다.

'그날 저녁 병원 응급실에서 저는 선택을 해야 했어요. 감정을 주체하지 못하고 히스테릭하게 무너져내릴 것인가, 아니면 온 가족을 하나로 뭉쳐 함께 건설적인 일들을 해나갈 것인가?'

그녀의 결심은 이랬다.

'그때 저는 선택을 마쳤습니다. 다른 아이들을 구해 내 아들이 내게 줬던 행복을 되찾겠다고요.'

세이츠 가족은 블로그와 웹 사이트(www.thegiftofben.com)를 개설해 '차량 내 유아 방치' 문제에 관한 지속적인 관심을 촉구하고 있다.

# 다시는 물건을 빠뜨리지 않는 방법

외출할 때 챙겨야 할 물건을 빠뜨리는 실수가 잦더라도 너무 자책할 필요는 없다. 눈코 뜰 새 없이 바쁜 나머지 한눈팔기 쉬운 상황에 놓인 것일 테니 말이다. 이러한 상황은 얼마든지 개선할 수 있다. 다만 연습이 필수다.

**방법 1** 목록을 작성해 문에 붙여놓기

이는 가장 직접적인 방법으로 화이트보드나 메모장을 활용해도 좋다. 그러나 문을 나서기 전 잊지 않고 목록을 확인해야 하며, 챙겨야 할 물건들을 목록에 기입하는 습관을 들여야 한다. 목록은 있는데 기입하는 것을 잊어버리거나, 목록에 적어놓고 확인하는 것을 잊는다면 아무런 효과도 얻을 수 없다.

**방법 2** 늘 쓰는 물건에 메모해두기

요즘은 외출할 때 거의 모든 사람이 꼭 챙기는 물건이 바로 휴대전화다. 그런 의미에서 중요한 일을 포스트잇에 적어 휴대전화에 붙여놓는 것도 좋은 방법이다. 그러면 휴대전화를 챙기면서 자신의 메모를 확인하고 주의를 환기할 수 있기 때문이다. 물론 포스트잇

대신 메모장 앱을 활용할 수도 있다. 다만 이 경우에는 메모를 확인하도록 알람을 설정해두는 것이 좋다.

### 방법3 장소법 활용하기

고대 그리스인이 사용했던 이 방법은 가장 친환경적인 기억법이기도 하다. 장소법(Method of loci, loci는 라틴어로 '장소'를 뜻한다)은 두뇌의 '공간' 기억력을 활용하는 방법으로, 기억의 궁전이라고도 불린다.

눈을 감고 머릿속에 자기 집 안 동선과 모든 방 위치 그리고 가구 배치 등을 그려보라고 하면 사람들은 쉽게 이를 해낸다. 심지어 큰 힘을 들이지 않고 각방에 놓아둔 물건까지 기억해낸다. 왜일까? 목록으로 나열했다면 십중팔구는 기억하지 못했을 정보를 이렇게 쉽게 기억하는 이유는 관련 정보들이 이미 우리의 머릿속 '공간 지도'에 자리했기 때문이다. 장소법이란 바로 이러한 공간 지도를 활용해 우리가 기억해야 할 사항들을 각각 익숙한 공간과 연결 짓는 방법이다.

먼저 머릿속에 익숙한 장소를 떠올린 후, 그 장소로 향하는 노선과 그 경로에 있는 특정 지점들을 설정해보자. 그런 다음에는 기억해야 할 각각의 정보를 시각화하여 경로에 있는 지점들과 순서대로 연결해보자. 경로의 각 지점을 따라 이동하기만 하면 기억하고자 하는 정보를 쉽게 떠올릴 수 있도록 말이다.

예컨대 집에서 버스정류장까지의 노선을 설정했다고 가정해보자. 이 경로에 서점·우체국·영화관·유치원·편의점이 있고, 당신이 기억하고자 하는 물건은 분유·버터·빵·맥주·바나나이다. 그렇다면 각 장소와 물건을 각각 연관 짓는 것이다.

'서점 안에는 분유 냄새가 가득하고, 우체국 사람들이 버터로 우표를 붙이고 있다. 영화관 좌석은 부드러운 빵으로 만들어졌고, 유치원에서는 맥주 시음회가 열리고 있으며, 편의점에는 바나나가 잔뜩 걸려 있다.'

이런 식의 연상은 특이할수록 좋다. 장소법은 순서대로 기억해야 할 때 특히 유용하다. 고대 로마 원로원의 정치가들도 이 방법으로 자신의 연설 요점을 기억하곤 했는데, 그들은 기존의 '공간' 대신 '신체 부위'로 바꿔 활용했다.

예컨대 양산, 비치 볼, 서프보드, 유리병, 청진기, 지갑, 침대 시트, 생선회, 주사기, 탱크, 바퀴벌레, 기린, 쇠사슬, 야자열매, 나뭇잎을 순서대로 기억해야 하는 경우, 신체 부위를 위에서 아래로 머리, 눈, 코, 입, 귀, 목, 가슴, 허리, 배꼽, 엉덩이, 허벅지, 종아리, 발목, 발가락, 발바닥으로 나누었다.

그런 다음 상상력을 동원해 각각의 물건과 신체 부위를 연결했다. 이러한 장면을 상상해보자.

'머리 위로 양산을 쓴 남자가 있다. 그는 비치 볼 장식이 달린 안경을 썼는데, 코가 서프보드처럼 평평하다. 입에는 유리병을 물고 있고, 귀에는 청진기를 꽂고 있으며, 지갑을 목에 걸었다. 가슴에 침대 시트를 두른 채, 허리에는 신선한 생선회를 묶어놓았으며, 배꼽에는 주사기가 꽂혀 있다. 탱크처럼 거대한 엉덩이 밑 허벅지에는 바퀴벌레 한 마리가 붙어 있고, 종아리는 기린처럼 길쭉하다. 발목에는 쇠사슬이 묶여 있으며, 발가락이 야자열매만큼 부어올랐고, 발바닥 밑으로 나뭇잎으로 엮어 만든 신발을 밟고 있다.'

장소법을 활용하면 1분 안에 50개의 물건도 거뜬히 외울 수 있으며 심지어 거꾸로 외우기도 가능해진다. 무엇보다도 누구든지 일상생활에서 쉽게 활용할 수 있다. 보통 사람들은 숫자나 문자에 비해 이미지나 장면을 기억하는 능력이 월등히 뛰어나기 때문에 장소법을 활용해 기억한 정보는 쉽게 잊어버리지 않는다.

가장 편리한 점은 더 이상 메모지와 펜을 가지고 다니며 중요한 사항이 생길 때마다 이를 메모하지 않아도 된다는 것이다. 앞서 언급한 예처럼 물건과 신체 부위를 연결 짓기만 하면 해당 부위를 사용할 때마다 그에 상응하는 물건이 떠오를 테니까 말이다.

장소법은 개인의 상상력과 창의력을 결합한 기억법인 만큼 처음에는 조금 어색할 수 있다. 그러나 연습을 거듭하다 보면 관찰력과 상상력, 연상력 그리고 창의력이 향상되어 외출할 때마다 물건을 깜빡할 일은 더 이상 없을 것이다!

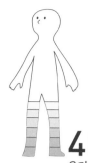

40%

우리가 일상생활에서 하는 많은 행동이
습관적 행동에 속한다

신호

일상적 행동

보상

## HABIT LOOP
심리학자는 이러한 행동을 습관 고리라고 부른다

일부러 조심하지 않은 게 아니라
당신의 뇌가 절전 모드에 들어갔을 뿐이다

예기치 못한 일이
자주 발생하는 이유 1

### 습관 고리를 끊어내라

습관 고리는 우리를 반자동 모드로
전환시켜 부주의하게 만들기 쉽다

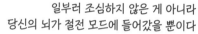

서류 가방을 깜빡했네

## 습관 고리에 대처하는 방법

### 잘 자기

충분히 수면을 취하고, 마음을 편안하게 하며, 하루 중 정신
이 가장 맑을 때 중요한 일을 처리한다

### 목록 만들기

해야 할 일들을 나열해 목록을 만들고, 정기적으로 목록을 확
인하는 습관을 기른다

### 버그 심기

적당한 때 알림 효과를 줄 수 있도록 습관 고리를 교란해 반
자동 모드를 정지시킨다

# 즉각적인 반응의 진실

"쳰쳰, 촨촨! 이번 주말에 바다로 놀러 갈까?"

한껏 들뜬 목소리로 묻는 내게 두 아이는 이렇게 답했다.

"하지만 바다에는 상어가 있어서 사람을 물잖아요!"

맙소사, 아직 다섯 살도 채 되지 않은 아이들이 상어에 대해 벌써 그렇게 무서운 상상을 하고 있을 줄이야.

상어가 정말 그렇게 위험한 존재인 걸까? 매년 바닷가를 찾는 사람들은 수억 명에 달한다. 이 중 상어 공격으로 사망하는 사람은 연평균 10여 명 정도이지만, 매년 2억 마리의 상어가 인간 손에 목숨을 잃는다. 따지고 보면 우리가 상어에게 훨씬 더 위험한 존재인 셈이다!

사실 내 아이들은 아쿠아리움에서 상어를 본 게 전부다. 다시 말해 아이들이 상어에 대해 가지고 있는 이미지는 대부분 그림책이나 애니메이션, 이야기하길 좋아하는 어른들에게서 비롯되었다는 뜻이다. 물론 누가 그렇게 무시무시한 생김새로 할리우드 스타까지 되라고 했냐며 따져 묻는다면 달리 할 말은 없다. 스티븐 스필버그의 영화가 흥행한 이후로 '죠스(Jaws)'는 바다에서 가장 무서운 생물로 여겨지며 실제 위험성보다도 더한 악명을 떨치고 있으니 말이다.

그런데 순진무구한 얼굴로 남녀노소 모두가 좋아하는 동물이 해마다 최소 200명의 사람을 사망에 이르게 하고, 1만여 명에게 상해를 입히며, 1억 달러 이상의 작물 손실을 불러오고 있다는 사실을 아는가?

이 동물은 바로 사슴이다.

그렇다. 커다란 눈망울에 긴 다리를 가진 '밤비'가 바로 그 주범이다.

한번은 미국인 친구와 차를 몰고 뉴잉글랜드 지역의 시골길을 지나는데, 날이 저물기 시작하자 친구가 이렇게 경고한 적도 있다.

"이제 더 조심해야 해! 여기 사슴은 개체 수도 많은 데다 멍청하거든. 갑자기 숲에서 뛰쳐나와 차를 봐도 피할 줄을 모른다니까!"

"에이, 설마. 보통 동물들은 자동차 전조등을 보면 다 부리나케 달아나잖아?"

"안 그래. 꼭 부딪칠 작정을 한 것처럼 오히려 멈춰 서서 널 쳐다볼걸!"

실제로 시속 100킬로미터의 승용차가 300킬로그램의 수사슴과 충돌하면 그 결과는 항상 인간과 사슴 모두가 목숨을 잃는 쪽이었다. '사슴 조심'이라는 경고 표지판이 정말 장난이 아니었던 것이다. 그런 까닭에서인지 영문에는 이런 표현이 있다.

'Like a deer in headlights.'

직역하면 '전조등을 마주한 사슴 같다'는 뜻인데, 이는 당황하여 얼어붙은 모습을 비유한 것이다.

자연에 사는 작은 동물 중에는 천적을 만나거나 위험을 느끼면 간혹 겁에 질려 얼어붙거나 심지어 죽은 척을 하는 동물도 있다. 이러한 생존본능을 우리는 공포로 말미암은 일시적 느린맥(Fear Bradycardia)이라고 부른다. 하지만 사슴은 기본적으로 작은 동물이라고 할 수 없는 데다 달리는 속도도 빨라 이치대로라면 이러한 반응을 보이지 않아야 맞다. 그런데 사슴은 왜 달려오는 차량을 보고 도리어 멈춰서는 걸까?

동물학자들에 따르면 사슴 눈의 동공이 너무 크기 때문이라고 한다. 즉, 갑자기 강한 빛을 보면 동공이 미처 수축하지 못해 일시적인 실명 상태에 빠진다는 것이다. 큰 동공 덕분에 뛰어난 야간 시력을 자랑하지만, 도로에서는 이런 장점이 오히려 치명적 약점으로 작용하는 셈이다.

생각해보라. 달리기를 하던 중 갑자기 강한 빛이 번쩍여 아무것도 볼 수 없는 상태가 된다면 당신은 계속 달리겠는가, 아니면 그대로 멈춰 서겠는가?

.........................................................................................................

# 사건 발생 당시의 반응

번쩍하는 빛과 함께 후끈한 열기가 얼굴을 덮쳤다.

이후 10여 초 동안 징원(가명)은 아무 기억도 나지 않았다.

그녀가 다시 정신을 차렸을 때 장내에는 자잘한 불꽃이 군데군데 남아 있을 뿐이었다. 그런데 희한하게도 그녀만이 홀로 서 있을 뿐 곁에 있던 다른 사람들은 혼란 중에 모두 바닥으로 나가떨어져 있었다.

사람들로 붐비던 공연장은 텅 비어 있었고, 무대조명도 꺼져 있었다. 어둠 속에서 그녀는 먼발치에 앉아 있는 사람을 발견했다. 몸에 아직 불씨가 남아 있는 채였다.

그 순간 불쑥 찾아온 공포감 때문에 징원은 얼른 뒷걸음쳤지만, 친구들이 아직 그곳에 있다는 생각에 이내 발걸음을 돌렸다.

공연장 쪽으로 돌아와 징원은 친구를 발견했다.

후이루와 샤오화는 제자리에 서서 고개를 숙인 채 여기저기 두리번거리고 있었다.

"너희 뭐 하는 거니?"

징원의 물음에 후이루가 답했다.

"내 신발이 없어져서."

"지금 이 상황에 무슨 신발을 찾아? 어서 가자!"

"안 돼, 내 신발을 찾아야 해……."

당시를 회상하며 징원은 말했다.

"그런 상황에 무슨 신발을 찾겠다는 건지 도무지 이해되지 않았어요. 하지만 친구들은 신발을 찾아야 한다는 생각이 확고했고, 우리는 결국 신발을 찾은 후에야 공연장을 벗어났죠."

공연장 밖으로 나온 세 사람의 눈앞에는 뉴스에서 보도된 것처럼 그야말로 '생지옥'이 펼쳐져 있었다. 다친 채 꼼짝하지 못하는 사람들, 곳곳에 널려 있는 페트병과 옷가지들, 오색 분진과 바닥에 찍힌 피 묻은 발자국들…….

하지만 정말로 그녀들을 두려움에 떨게 한 건 부상자들의 고통스런 절규와 잔뜩 겁에 질려 흩어진 친구의 이름을 부르고 있는 젊은이들의 모습이었다.

그때였다. 어려서부터 천식을 앓고 있는 징원이 발작을 일으켰다.

이에 후이루와 샤오화는 얼른 징원을 한쪽으로 데려가 그녀의 목덜미를 마사지해주며 작고 낮은 목소리로 그녀를 안심시켰고, 그렇게 징원이 안정을 되찾은 후 서둘러 함께 그곳을 떠났다.

2015년 6월 27일 타이완 신베이(新北)시에서 일어난 '포모사 워터파크 분진 폭발사고'는 4개월여 동안 총 14명의 사망자와 485명의 부상자를 낳았다.

그날은 워터파크에서 주말을 맞아 개최한 '컬러 플레이 아시아

(Color Play Asia)'라는 행사가 진행되던 중이었는데, 주최 측이 분위기를 띄우기 위해 공중에 분사한 인화성 색채 가루가 불길에 닿으면서 폭발이 발생한 것으로 추정되고 있다. 당시 행사가 절정으로 무르익은 터라 공연장에는 많은 사람이 운집해 있었고, 그런 까닭에 단 10여 초 만에 그처럼 많은 사상자를 내게 된 것이다.

징원과 그녀의 친구들은 원래 공연장 중앙에서 행사를 즐기고 있었는데 이후 공연장 옆에 있던 거품 기계에 관심을 빼앗겨 인파를 비집고 이동한 상태였다. 그리고 5분도 채 되지 않아 공연장에서 폭발로 말미암은 화재가 발생했고 그녀들이 있던 곳까지 불길이 번졌다. 그러나 몸에 묻어 있던 거품과 젖어 있던 바닥 덕분인지 그녀들은 화를 면할 수 있었다.

내가 징원과 이야기를 나눈 건 사건이 발생하고 한 달이 넘은 시점이었지만 당시를 회상하는 그녀의 모습에는 여전히 그날의 두려움이 남아 있는 듯했다. 그녀는 말했다.

"후이루와 샤오화는 어떻게 그렇게 침착할 수 있었나 모르겠어요."

이에 나는 물었다.

"그 당시 당신이 나름대로 빠른 반응을 보일 수 있었던 이유는 뭐죠?"

"글쎄요. 사실 처음엔 저도 당황했어요. 한 10초 정도인가 머릿속이 새하얗더라고요. 그런데 정신을 차리자마자 처음 든 생각이 '어서 이곳을 벗어나야 해!'였어요."

인터뷰가 끝나갈 즈음 그녀는 내게 이런 이야기를 들려주었다.

"2년 전쯤, 영화를 보다가 지진을 만난 적이 있어요. 당시 흔들림이 엄청나서 다들 비상구를 이용해 대피했죠. 저는 천식 때문에 평소 계단을 잘 이용하지 않는데 그날은 십몇 층을 뛰어 내려와도 아무렇지 않아서 저도 좀 놀랐어요…… 두려움 때문에 초인적인 힘이 나왔나 봐요."

GET LUCKY!
CHAPTER 2

# 긴급 상황이 초능력을 불러일으킨다?

위험한 순간 인간은 살기 위해 초인적인 힘을 발휘한다는 보도가 적지 않았다. 그 보도를 통해 우리는 맨손으로 자동차를 옮겨 아이를 구한 엄마의 이야기를 전해 들었으며, 100미터 달리기의 속도로 전력 질주해 털끝 하나 다치지 않고 무사히 화재 현장을 탈출한 누군가의 사연도 접했다. 이렇게 기적과 같은 이야기들은 많은 사람에게 일종의 믿음을 심어주었다. 긴급 상황을 만나면 생존본능이 발휘되어 순간적으로 빠른 반응 능력과 힘을 가지게 된다는 그런 믿음! 영화 〈본 아이덴티티〉의 주인공 제이슨 본처럼 말이다.

물론 대량의 아드레날린이 나오면 인간의 체력적인 능력이 대폭 향상될 가능성은 있다. 하지만 실제로 긴급 상황을 마주했을 때 우리는 정말로 우리의 믿음처럼 될 수 있을까?

통계에 따르면 보통 사람들이 긴급 상황에 보인 반응은 다음과 같았다.

15%의 사람들은 즉각적으로 생존을 위한 올바른 반사행동을 취했다.

또 15%의 사람들은 이성을 잃고 당황해 어쩔 줄 몰라 했다.

그렇다면 나머지 70%, 즉 사람 대다수는 어땠을까?

그 답은 가히 놀라웠다.

GET LUCKY!
CHAPTER 2

# 뜻밖의 참사

1977년 3월 27일, 승객들을 가득 태운 KLM 네덜란드항공(KLM Royal Dutch Airlines) 소속 보잉 747 여객기가 카나리아제도 로스로데오 공항(지금의 테네리페 노르테 공항) 활주로에서 이륙을 준비하고 있었다. 당시 활주로에는 짙은 안개가 끼어 관제탑에서조차 활주로의 상황을 온전히 파악할 수 없을 정도로 가시거리 확보가 어려웠다.

KLM항공의 기장은 관제사의 'OK'를 듣고 이를 이륙허가 사인으로 이해해 엔진 출력을 높여 활주로를 질주하기 시작했다.

문제는 기장과 관제사의 소통에 오류가 있었으며, 당시 활주로에는 팬아메리칸월드항공, 일명 팬암(Pan Am) 소속의 보잉 747 여객기 역시 이륙을 준비 중이었다는 것이다.

짙은 안개 속에서 양측 조종사가 서로를 발견했을 때는 이미 피할 수 없는 상황이었다.

KLM항공의 기장이 필사적으로 비행기를 띄우려 했지만 끝내 동체 하단이 팬암 여객기를 스치며 충돌하고 말았다. 그렇게 팬암기 동체에 큰 구멍을 낸 KLM 여객기는 약 150미터를 날아간 뒤 추락했고, 이내 대폭발을 일으켜 승무원과 탑승객 전원이 사망했다.

그러나 재앙은 여기서 그치지 않았다. 사고 현장에 출동한 소방대가 안개 속 그을음을 KLM 여객기의 일부 잔해로 오인해 KLM 여객기의 화재진압에만 매달린 것이다. 불과 몇백 미터 떨어진 활주로에 불이 붙은 또 다른 여객기가 있으며, 그 안에서 많은 승객이 구조를 기다리고 있다는 사실을 전혀 파악하지 못한 채 말이다.

폴 헥은 팬암의 탑승객 중 한 명이었다. 당시 그는 아내와 함께 좌석에 앉아 이륙을 기다리던 중이었다. 그런데 갑자기 엄청난 굉음이 울리더니 동체의 천장이 날아가고 그 조각들이 흩날리기 시작했다. 자욱한 안개가 흘러들어오는가 하면 화염에 녹은 플라스틱이 뚝뚝 떨어졌다. 그는 즉시 안전벨트를 풀고 자리에서 일어나

아내에게 말했다.

"어서 여길 빠져나가야 해!"

그렇게 헥 부부는 비상구를 향해 달려갔지만, 그곳은 이미 불길에 휩싸여 있었다. 기내 좌측도 구멍이 난 상태로 비상용 계단조차 없었다. 하지만 폴은 이것저것 따질 때가 아니었다. 그는 아내의 손을 잡고 일단 비행기의 왼쪽 날개로 점프한 다음 다시 지상으로 뛰어내려 안전한 곳으로 대피했다. 그리고 얼마 후 팬암기는 폭발했다.

'테네리페 항공사고'는 지금까지도 역대 최다 사상자를 낸 최악의 항공사고로 기록되고 있다. KLM 여객기의 탑승객과 승무원 248명 전원이 사망한 데다 팬암 여객기에 몸을 실은 396명의 사람 중 단 61명만이 생존하고 나머지는 모두 불길 속에서 목숨을 잃었기 때문이다.

이 사고를 조사하던 당시 이런 의문점도 제기되었다. 팬암 항공의 비행기가 폭발하기까지 시간이 꽤 있었고, 첫 충돌 당시 다수의 탑승객이 다친 것도 아닌데 왜 제때 탈출을 하지 못했느냐는 것이다.

폴 헥의 아내가 이후 조사원에게 밝힌 당시의 상황은 이러했다.

사고가 발생했을 당시 그녀는 주변의 불꽃을 보고 이상하게도 마음이 평온했다고 말했다. 남편이 빠져나가야 한다며 일어나라고 하여 그나마 정신을 차릴 수 있었다면서 말이다. 비상구를 향해 달려가면서 고개를 돌려 동행한 다른 부부를 봤는데, 그 두 사람은 아직도 안전벨트를 맨 채 바른 자세로 앉아 입을 살짝 벌리고 있었단다. 대부분의 다른 승객들도 마치 영화를 보는 양 그렇게 앉아 있었는데 그것이 그녀가 본 이들의 마지막 모습이었다고 한다.

GET LUCKY!
CHAPTER 2

# 네거티브 패닉

테네리페 항공사고가 발생하기 10년 전, 미국 신문에 '네거티브 패닉(Negative Panic)'이라는 기이한 현상을 다룬 기사가 있었다.

글자의 의미를 살펴보자면 패닉(Panic)은 두려움이나 공포를 뜻하지만 네거티브 패닉은 우리가 일반적으로 알고 있는 패닉 상태와는 조금 다르다는 내용이었다. 이러한 상태에 놓인 사람은 오히려 자신이 긴급 상황에 처해 있음을 인식하지 못한 것처럼 이상할 정도로 냉정함을 보인다는 설명이었다.

기사에서 인용한 유나이티드항공의 공식 추산에 따르면 긴급 상황이 발생했을 때 85%의 탑승객이 네거티브 패닉 반응을 보이며 자신의 안위를 전혀 고려하지 않는다고 한다.

유나이티드항공의 항공안전훈련 교관은 말했다.

"승무원들은 분명 이해하기 어려울 거예요. 사람이라면 모두 살고자 하는 본능이 있는데 어째서 그 많은 사람이 당황한 채 움직이지 못하는 건지 말이지요. 하지만 대다수 승객에게 실은 비행기가 얼마나 낯선 환경일지를 잊지 말아야 합니다."

이제 모든 항공편에서 왜 승무원들이 이륙 전 승객안전교육을 진행하는지 그 이유를 알겠는가? 문제는 이를 잘 듣고 기억하는 사람이 몇이나 되겠느냐는 것이겠지만 말이다.

GET LUCKY!
CHAPTER 2

## 침착함에 대한 편견

사실 네거티브 패닉은 긴급구조요원이라면 익히 알고 있는 매우 위험한 상황이자 심각한 문제이기도 하다. 사고가 발생했을 때 10명 중 약 7명은 적절한 행동을 취하지 못해 생존의 골든타임을 놓칠 뿐만 아니라 다른 사람에게까지 누를 끼칠 수 있기 때문이다.

그렇다면 네거티브 패닉은 어떻게 생겨나는 걸까? 어쩌면 두뇌가 너무 많은 자극을 받아 일시적으로 반응하지 못하는 것일 수도 있다. 갑작스런 사건 사고에 직면했을 때 우리의 두뇌가 적절한 행동을 찾는 데 걸리는 시간은 대략 8~10초 정도인데, 고도의 스트레스 상태에는 이 시간이 더 길어질지도 모른다는 얘기다.

그런데 이상한 점은 정신을 차리고서도 즉각적인 행동을 취하지 못하고 오히려 평소보다 더 차분한 모습을 보이는 사람이 많다는 사실이다.

최근 거래처 회사에 미팅하러 갔다가 나 역시 이러한 현상을 경험했다.

미팅이 절반 즈음 진행되었을 때였다. 갑자기 흔들림이 느껴지더니 이내 그 강도가 점점 더 세져 브리핑하던 사람도 말을 멈추었다. 그때 누군가가 말했다.

"지진이다."

그러자 또 누군가가 이렇게 대꾸했다.

"그러네요. 지진이네요."

"꽤 흔들리네."

"그러게요."

그렇게 다들 서로의 얼굴을 바라볼 뿐이었다. 자리에서 일어날 준비를 하듯 손을 책상 위에 얹고는 있었지만 누구 하나 행동을 취한 사람은 없었다.

10여 초가 지나고 흔들림이 잦아들자 브리핑하던 사람은 다시 말을 이어가기 시작했고, 다른 사람들 역시 원래의 업무 모드로 돌아왔다. 몇몇 사람은 몰래 휴대전화를 꺼내 가족에게 메시지를 보내기도 했지만 말이다.

참 이상한 일이었다. 지진이 일어났을 때 올바른 행동 요령은 다음과 같지 않던가!

❶ 창문에서 멀리 떨어진다.
❷ 자세를 낮춰 머리를 보호한다.
❸ 탁자 아래로 들어가 탁자 다리를 꼭 잡는다.


소위 'DROP-COVER-HOLD'를 실행해야 맞지 않느냐는 말이다!

흔들림이 시작되었을 때 누군가 즉시 "탁자 밑으로 들어가 머리를 보호하세요!"라고 소리쳤다면 아마 사람들은 그를 따라 움직였을 것이다.

그러나 30초 남짓의 지진이 지나갈 때까지 회의실 안의 사람들은 서로가 서로를 바라보고 있을 뿐이었다. 그때의 어색함은 누군가의 휴대전화 벨소리에 회의가 중단되었지만 그저 벨소리가 멈추기를 기다릴 수밖에 없는 상황과 별반 다를 바 없었다.

이렇듯 어떤 상황이 닥쳤을 때 우리는 능동적으로 대처해야 마땅하지만, 오히려 수동적이 되고, 다른 사람의 반응으로 자신이 어떻게 행동해야 할지를 결정하기도 한다.

다른 사람이 아무렇지 않아 보이면 우리는 곧 "괜찮아, 아무 일 없을 거야"하며 자기 자신을 설득한다. 그렇게 다들 괜찮은 척, 아무렇지 않은 척하다가 정말로 일이 생기고 마는 것이다.

1999년 초특급 토네이도가 미국 오클라호마주를 강타했을 때

실은 13분 전에 미리 경보가 내려진 상태였다. 하지만 그럼에도 토네이도가 자신은 피해 가기라도 할 것처럼 적잖은 사람이 여전히 거리를 오갔고, 결국 이 토네이도는 8천여 가구를 찢어발겼다.

2004년 12월 인도양에서 일어난 대지진으로 쓰나미가 발생했을 당시에도 해수면 전체에 거품이 이는 이상 징조가 있었지만 사람들은 여전히 바닷가로 산책하러 나갔다. 그때의 쓰나미는 동남아의 14개 국가를 덮쳐 23만 명의 목숨을 앗아갔다.

2001년 9.11 테러 당시 두 대의 비행기가 세계무역센터(WTC) 쌍둥이 빌딩에 충돌해 다들 대피하던 순간에도 자기 사무실의 컴퓨터에서 로그아웃을 한 사람이 1천여 명에 달했다.

한편 2015년 분진 폭발사고로 떠들썩한 파티 현장에서 불바다로 변한 포모사 워터파크에는 다들 대피하기도 바빴던 순간 냉정하게 자기 신발을 찾은 사람도 있었다.

이것이 바로 사람 대다수가 긴급 상황에 보이는 믿기 힘든 반응, 즉 '정상화 편향(Normalcy Bias)'이다.

<br>

★　★　★

*우리는 혼란스러운 마음과는 달리 겉으로는*
*아무렇지 않은 척을 한다. 그러나 이는 매우 치명적인*
*우리의 맹점이다.*

자세 낮추기(DROP)!      피신하기(COVER)!      붙잡기(HOLD ON)!

GET LUCKY!
CHAPTER 2

# 비교적 빠른 반응을 보인 15%

천재지변이 잦은 일본은 '정상화 편향'에 대해 가장 많은 연구를 진행한 나라다. 그들의 연구 결과에 따르면 긴급 재난 문자를 받은 후 보통 사람들이 보이는 반응에는 일정한 절차가 있었다.

먼저 자신이 잘 아는 주변 사람 중 믿음직스러운 사람이 어떻게 반응하는지를 살핀다.

그런 다음 다른 사람은 어떻게 반응하는지를 본다.

그러고는 가족 또는 친구에게 연락을 취한다.

그 후 대피 준비를 시작한다.

마지막으로 행동을 취한다.

겪어본 적 없는 상황일수록 사람들은 행동하길 주저하며 다른 사람의 반응에 따라 자신의 반응을 결정하려 했다. 그리고 이때 사람 대다수는 '그렇게 심각하기야 하겠어!' 하며 자기 자신을 안심시켰다. 하지만 생과 사는 흔히 그 짧은 순간에 결정되곤 한다.

그렇다면 대체 어떻게 해야 이 치명적인 심리적 맹점을 떨쳐낼 수 있을까?

비교적 빠른 반응을 보인 사람들의 사례를 함께 살펴보자.

9.11 테러 사건이 발생했을 때 마누엘은 첫 번째 비행기가 세계무역센터에 충돌하자마자 즉시 자리에서 일어나 비상계단으로 향했다. 그런 까닭에 그는 다른 동료들보다도 먼저 건물에서 빠져나올 수 있었다.

그 후 어떻게 그토록 신속히 대처할 수 있었느냐는 기자의 질문에 그는 어렸을 때 페루에서 큰 지진을 경험한 적이 있노라고 답했다. 그는 로스앤젤레스에서 살 때도 크고 작은 지진을 경험했으며, 9.11 테러가 발생하기 1년 전에는 집에 불이 나 가까스로 빠져나오기도 했다며 이러한 경험들 덕분에 빠르게 상황 판단을 할 수 있지 않았나 싶다고 했다.

2004년 인도양 대지진 당시에도 빠른 반응을 보인 사람이 있었다. 그 주인공은 바로 열 살 난 영국 소녀 틸리였다. 가족과 푸껫에서 휴가를 보내던 틸리는 해수면의 상태가 심상치 않음을 발견하고 그 즉시 가족과 주변 모든 여행객에게 위험성을 알렸다. 그 덕분에 소녀가 투숙했던 호텔에서는 그 누구도 조난을 당하지 않았다. 휴가를 오기 전 때마침 학교 수업 시간에 지진과 해일에 대해 배운 터라 쓰나미의 징조를 알아차릴 수 있었던 것이다.

테네리페 항공사고의 생존자 폴 헥은 어땠을까? 그는 예전에 화재 난 극장에서 탈출한 적이 있는데, 그때의 기억 때문인지 낯선 곳에 갈 때마다 비상구의 위치를 꼭 확인하는 버릇이 생겼다고 했다. 그날 비행기에 탑승해서도 그는 가장 먼저 앞좌석 등받이 포켓에 들어 있는 안전지시카드를 꼼꼼히 읽었고, 아내에게 출구의 위치를 알려주기도 했다. 머릿속에 이미 필요한 정보가 들어 있었기에 사고가 나자마자 즉시 움직일 수 있었던 것이다.

내 아버지도 어린 시절 집에 큰불이 난 적이 있다. 아버지의 말에 따르면 화재 현장을 빠져나오다 눈썹까지 그슬렸다고 한다. 그래서 아버지는 여행을 갈 때마다 호텔 방에 들어가자마자 문에 붙어 있는 비상대피 안내도부터 확인하고 내게 비상계단의 위치를 가르쳐주셨다.

요컨대 과거 재난을 겪었던 경험이 더욱 경각심을 가지게끔 한 것이다. 그렇다면 지금껏 재난을 만난 적이 없는 사람들이 미리 마음의 준비를 할 수 있는 방법은 없을까?

# 훈련하려면 제대로

일본의 방재학자들은 국민에게 올바른 생존 능력을 심어주는 데 가장 효과적인 방법이 바로 훈련이라고 입을 모은다.

실제로 일본 학교의 안전교육에는 지진, 태풍, 화산, 해일 등에 대비한 훈련을 포함한다. 심지어 학생들은 평상시의 외출복 차림에 신발까지 신은 채로 수영하는 연습을 하기도 한다.

옷을 입은 채로 물에 빠졌을 때의 무게감과 부력이 수영복을 입었을 때와 어떻게 다른지 아이들이 직접 느껴보게끔 하기 위해서다. 만일 정말로 물에 빠졌을 때 적어도 머리와 몸이 이를 기억해 위험에서 벗어날 수 있도록 말이다.


반면 우리 사회는 편의만을 도모하거나 타인에게 불편을 초래할 것을 우려해 안전훈련을 의례적인 반쪽짜리 행사로 만들어버리는 경우가 많다.

내가 사는 아파트만 해도 그렇다. 법규에 따라 매년 화재경보기 점검을 진행하지만, 일찌감치 게시판에 안내문을 붙이고 점검 당일엔 방송을 통해 연신 이렇게 강조한다.

"비상벨 시스템을 점검 중이오니 주민 여러분께서는 놀라지 않으셔도 됩니다."

물론 이는 주민들이 놀라지 않도록 하기 위한 아파트 관리사무소 차원의 배려였고, 그래서 나는 경보음이 울리는 중에도 계속 내 할 일을 할 수 있었다. 그런데 이 연구를 진행하고부터는 걱정이 되기 시작했다. 이렇게 경보음에 무뎌지게 되는 것이 아닐까?

언젠가 정말로 화재가 발생해 경보음이 울린다면 사람들은 이것이 진짜 경보음이라고 즉각 판단할 수 있을까?

비상구를 통해 대피하는 훈련을 한 번도 해보지 않았는데 실제로 주민들이 대피하는 데 얼마의 시간이 걸릴지 어떻게 알 수 있겠는가?

실질적인 행동 훈련 없이 경보기의 작동 여부만을 점검해서는 '정상화 편향'에 빠지기 십상이다. 어느 날 정말로 불이 났는데도 사람들이 이를 실제 상황으로 받아들이지 않는다면 이 얼마나 위험한 일인가!

# 편집자의 화재 경험

나의 편집 담당자 이주 씨도 이 장을 읽고 자신의 경험을 이야기해 주었는데, 그의 경험에서도 뜻밖의 상황에 반박자 느리게 대처하는 사람들의 모습을 엿볼 수 있었다.

지극히 평범한 겨울날의 오후였다. 마치 리드미컬한 행진곡처럼 키보드를 두드리는 소리가 널따란 사무실 곳곳을 채웠다. 그렇게 다들 정신없이 작업에 열중하는 가운데 갑자기 건물 계단 쪽에서 비상벨이 울리더니 이내 안내방송이 흘러나왔다.

"화재경보가 발생했으니 비상구로 서둘러 대피하시기 바랍니다!"

사람들은 하던 일을 멈추고 서로를 바라볼 뿐, 누구 하나 자리에서 일어나 사무실을 벗어나지 않았다.

"뭐야, 점검하는 건가?"

"글쎄, 실제 상황은 아니겠지."

몇몇 직원이 소곤소곤 몇 마디를 주고받더니 다시 각자의 컴퓨터 모니터로 고개를 돌렸다.

"다시 한번 알립니다. 화재경보가 발생했으니……."

또 한 번의 안내방송이 울려 퍼지자 누군가는 주변을 살폈고, 누군가는 외투를 걸쳤으며, 또 누군가는 여전히 무관심으로 일관했다. 그러나 이때도 사무실을 나서는 사람은 없었다.

공기 중에는 긴장과 해이가 뒤섞인 묘한 분위기가 가득했다. 그때 이런 분위기를 깨는 전화벨이 울렸고, 전화를 받은 팀장은 이내 직원들에게 소리쳤다.

"진짜 불이 났답니다! 다들 어서 대피하세요!"

순간 편집실 전체가 기름 솥에 튀는 물방울처럼 분주해지기 시작했다. 하던 작업을 저장하고 컴퓨터를 끄는가 하면 책상을 정리하고, 물건을 챙기고, 전원을 차단하고……. 사람들은 이런 일들을 모두 마친 후에야 사무실을 나섰다.

# 상상력을 동원해 훈련하기

일찍이 운동 코치들은 상상력만으로 선수들에게 훈련 효과를 낼 수 있음을 발견하고 이를 훈련의 한 과정으로 삼았다.

예컨대 '인간 물고기'라 불리는 미국의 수영선수 마이클 펠프스(Michael Phelps)는 코치의 지시로 매일 잠자기 전과 기상 후 일명 '비디오 돌려보기' 훈련을 했다.

진짜 비디오를 돌려보는 것이 아니라 물속에 뛰어드는 순간부터 결승 지점에 도달할 때까지 물살을 가르는 자세와 물속에서의 느낌, 소리 등을 상상하며 머릿속에 완벽한 경기 장면을 그려보는 일종의 이미지 트레이닝이었다. 펠프스의 코치는 그에게 사소한 디테일까지 모두 상상하라고 주문했고, 실제 훈련 때도 연신 "비디오를 플레이해!"라고 외쳤다.

2008년 베이징 올림픽 200미터 접영 경기에 출전한 펠프스는 입수와 함께 수경에 문제가 있음을 깨달았다. 아니나 다를까 얼마 후 수경 안으로 물이 차기 시작했고 150미터 지점에 이르러 전혀 앞을 볼 수 없는 상태가 되었다. 그러나 그는 당황하지 않았다. 전부터 준비해왔기 때문이다. 그는 비디오를 플레이하고 속으로 스트로크 횟수를 세기 시작했다. 하나, 둘, 셋……. 그동안의 기록과 경험을 근거로 막판 스퍼트 지점도 계산했다. 그렇게 터치패드에 두 손이 닿은 순간, 그는 서둘러 수경을 벗고 고개를 들어 기록판을 확인했다.

1:52.03, 그 옆에는 세계 신기록 표시가 되어 있었다!

이후 앞이 보이지 않는 상태에서 수영하는 기분이 어땠느냐는 기자의 질문에 그는 말했다.

"제가 상상하던 대로였어요!"

fMRI(functional magnetic resonance imaging, 기능성 자기공명영상) 촬영 결과에 따르면 우리가 어떤 일을 하고 있다고 상상할 때, 우리의 두뇌에서는 그 일을 정말로 수행할 때처럼 모든 동작이 시뮬레이션되는 것으로 나타났다.

상상하는 과정과 '머릿속에서 비디오를 플레이하는 과정'을 통해 우리도 어느 정도 생존 훈련의 효과를 볼 수 있다. 단 한 번일지라도 전혀 훈련하지 않는 것보다는 훨씬 낫다.

그러니 다음에 호텔에 투숙하게 되거든 따로 시간을 할애해 문 뒤에 붙어 있는 비상대피 안내도를 확인하길 바란다. 단, '비상계단은 나가서 왼쪽으로 세 번째 문이구나!'라고 위치만 알아둘 게 아니라 눈을 감고 깜깜한 어둠 속에서 방을 빠져나가는 상상을 해보는 것이다. 벽을 더듬어 문과 모퉁이 하나하나를 느끼며 비상계단까지 나아가는 느낌을 상상해보라. 이렇게 하면 직접 경험을 한

듯한 기억이 우리의 머릿속에 각인된다.

비행기를 탔을 때도 마찬가지다. 승무원의 기내안전교육 내용에 귀를 기울이며, 산소마스크를 쓰고, 구명조끼를 입고, 자신의 좌석에서 가장 가까운 비상구까지 이동하는 자기 모습을 상상해 봐야 한다. 이러한 습관을 기르면 소중한 경험치가 쌓여 긴급 상황에 대처하는 반응시간을 대폭 단축할 수 있을 것이다.

달리 참가할 만한 생존 훈련이 없다 해도 지진이나 화재가 발생했을 때 나와 내 가족이 어떻게 행동해야 할지를 생각해볼 것을 추천한다.

올바른 생존 방법을 찾아내 '상상의 비디오'를 완성한 후 가족과 '멘탈 리허설(Mental Rehearsal)'을 진행하는 것이다. 이와 함께 재난 상황에 대비한 생존배낭을 준비해 수시로 물품을 점검하고, 유사시 빠르게 대피할 수 있도록 손이 잘 닿는 곳에 두어야 한다.

긴급 상황은 언제든 발생할 수 있다. 물론 우리가 그 시기를 예측할 수는 없겠지만 이 장을 통해 내가 모두에게 해주고 싶은 말은 하나다.

★　★　★

*냉정함을 유지하는 것만으로는 부족하다.*
*예상하고 또 예상하는 자세가 필요하다.*

앞서 언급했듯 사람들은 긴급 상황에 이상하리만큼 냉정함을 보인다. 그러나 이는 자신의 당황스러움을 위장하려는 치명적인 심리적 맹점일 뿐이다.

그러니 스스로 자동차 전조등을 마주한 사슴이 되지 말라. 당신은 이미 어떻게 해야 할지를 알고 있지 않은가!

## 긴급 상황에 빠졌을 때

사람들이 보이는 세 가지 반응

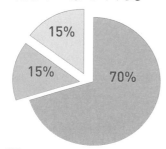

- 15%
- 15%
- 70%

■ 긴급 상황임을 인지하지 못한 것처럼 이상하리만큼 냉정함을 보임
■ 당황해 어쩔 줄 몰라 함
■ 즉각적으로 생존을 위한 올바른 반사행동을 취함

## NORMALCY BIAS

대다수 사람은 타인의 반응을 살펴 자신의 반응을 결정하는데 이러한 정상화 편향에 빠지면 혼란스러운 마음과는 달리 겉으로는 아무렇지 않은 척을 하게 된다

# 예기치 못한 일이 자주 발생하는 이유 2

내 신발이 어디 갔지?

수동적 반응을 피하라

재난이 닥쳤을 때는 냉정함을 유지해야 한다고들 하는데 정말 냉정한 게 좋을까?

## HOW 반응이 빠른 15%가 되는 법

올바른 생존 능력을 키우기 위한 가장 효과적인 방법은 바로 훈련이다
실전 훈련과 상상력을 동원한 훈련으로 반응이 빠른 15%가 되라

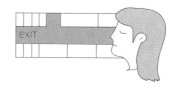

EXIT

# 설상가상의 진실

애나를 만나자마자 나는 그녀의 다리에 생긴 분홍색 흉터에 깜짝 놀랐다.

"어떻게 된 거야?"

"휴, 밥이나 먹으면서 얘기하자! 최근에 정말 많은 일이 있었거든……."

애나는 나와 여러 차례 함께 작업을 했던 뮤지션으로, 외국의 유명 음악대학을 졸업했다. 피아노 연주 실력이 정말 좋아 여러 장의 연주앨범도 녹음했다.

지난 몇 년간 뉴욕과 파리에서 공부를 계속해온 그녀였기에 나는 그녀가 부잣집 아가씨라고 생각했다. 지난번 식사 모임을 갖기 전까지는 말이다.

그녀가 말했다.

"아버지가 돌아가셨어. 심근경색으로 너무 갑자기."

가엾은 애나! 알고 보니 아버지의 장례를 치르기 위해 타이완으로 돌아왔던 것이다.

"이번이 내 생에 가장 긴 비행이었던 것 같아. 파리에서 소식을 접하고 서둘러 타이베이로 돌아오면서 한숨도 못 잤거든. 외동딸이라 처리해야 할 일이 정말 많더라. 그런데 정말 웃긴 게 뭔지 알아? 아버지가 달리 유언을 남기지 않아서 법적으로 내가 유산 상속자가 됐는데 생전 처음 보는 친척이며, 아버지 쪽 어른이라는 사람들 10여 명이 내게 소송을 걸었다는 거야. 아무 권리도 없는 사람들이 인원수로 밀어붙이면 다 된다고 생각하나 봐. 정말 기가 찬 노릇이지!"

재산을 챙길 생각에 장례도 끝나기 전에 소장을 보내온 친척들이라니, 전에 다른 친구도 겪었던 일을 애나도 겪게 된 것이다. 이뿐만 아니라 장례 과정도 그녀를 힘들게 했다. 아버지가 도교 신도였던 까닭에 도교식으로 장례를 치렀기 때문이다. 타이완으로 돌아와 집 앞에 도착하자마자 그녀는 삼베옷을 걸치고 곡소리를 내며 기어들어 가야 했고, 매장 전까지 영구(靈柩)를 집에 두고 매일같이 향을 피우며 경문도 읽어야 했다.

"도사님이 택일을 했는데 3주 후에나 매장을 할 수 있다는 거야.

그래서 매일같이 꿇어앉아 경문을 읽고, 종이 연꽃을 접고…… 난 도교 신도도 아닌데!"

그녀는 말했다.

"중간에 몇 번 한 외출도 전부 변호사와의 미팅 때문이었어. 한 번은 친척들과 만나기로 약속을 했는데 열몇 명이 우르르 나왔더라. 일렬로 서서 어찌나 기세등등하던지. 그렇게 하면 겁먹을 줄 알았나 본데 내가 불합리한 요구는 절대 받아줄 수 없다고 못 박으니까 식식거리며 돌아가더라고. 그런데 집으로 돌아와서는 다시 효녀인 척 그 친척들을 대해야 하니 정말 분통이 터지더라!"

어느 날 저녁, 애나는 피로한 심신을 이끌고 2층으로 올라가 샤워했다. 그런데 좀 전까지만 해도 샤워기 앞에 서 있던 자신이 어쩐 일인지 바닥에 엎어져 있었다. 어쩌다 넘어졌는지는 기억도 나지 않고 자리에서 일어날 수도 없었다. 극심한 고통에 다리 쪽으로 눈을 돌리니 뼈가 톡 도드라져 있었다. 골절된 모양이었다.

문제는 그녀가 실오라기 하나 걸치지 않은 상태인 데다 온몸이 젖어 있었다는 것이었다. 그녀는 고통을 참으며 수건으로 자신의 몸을 덮고는 있는 힘껏 욕실 문밖으로 기어나가 큰 소리로 도움을 요청한 후 이내 정신을 잃었다.

애나는 쓴웃음을 지으며 말했다.

"내가 아직 파리에 있는 줄 아는 친구도 많아. 돌아온 지 벌써 반년이 됐는데. 어쨌든 다리는 수술을 해서 철심 박고 나름대로 잘

회복 중이야. 친척들과의 싸움은 아직 진행 중이라 너무 괴롭지
만……. 정말 설상가상의 한 해였지!"

# 의외의 도미노 효과

우리는 모두 순탄한 일생을 꿈꾼다. 그러나 인생은 무상하며 때로는 안 좋은 일들이 연이어 찾아와 우리를 속수무책으로 만들기도 한다.

의학적으로 봤을 때 애나가 넘어진 이유는 쉽게 설명할 수 있다.

그녀는 오랜 기간 잠을 제대로 자지 못했으며 분명 잘 먹지도 못했을 것이다. 갑작스레 가족을 잃고 넋이 나간 데다 저혈당 상태로 샤워했으니 현기증을 일으켜 쓰러지기 딱 좋은 조건이었던 셈이다.

피곤함 때문에 서서 잠이 들었을 가능성도 있다. 그래서 넘어질 때 미처 자신을 보호할 수 없었던 것이다.

관련 연구 결과에 따르면 사람이 24시간 이상 잠을 자지 못할 경우 술 석 잔을 마셨을 때와 마찬가지로 반응이 느려진다고 한다. 다시 말해서 수면 부족 상태로 일상생활을 한다는 건 음주운전을 하는 것과 별반 다를 게 없는 얘기다. 참고로 타이완 사람들의 수면시간은 평균 6시간 정도로 전 세계인과 비교했을 때 잠이 현저히 부족한 쪽에 속하는데, 이는 확실히 잠재적 위험 요소가 아닐 수 없다.

물론 단순히 수면 부족이 문제라고 딱 꼬집어 말할 수는 없다.

안 좋은 일은 마치 도미노와 같이 연달아 일어난다.
도미노 블록이 줄지어 쓰러지는 이유는 모든 블록이
이전 블록의 압력을 받도록 배열되었기 때문이다.

　그러나 블록이 쓰러지는 중이라 할지라도 우리가 제때 손을 쓰면 그 이상의 연쇄효과를 막을 수 있다.

　그런 의미에서 이 장에서는 '불행'이 우리에게 미치는 파급효과에 대해 파헤쳐보고자 한다. 최신 연구 결과를 근거로 이러한 연쇄효과가 어떻게 우리의 생각에 영향을 미치며, 나아가 과도한 감정 반응을 이끌어내는지 알아보고, 심리적 면역 시스템을 강화해 스트레스관리 능력을 높일 몇 가지 방법을 제시하려 한다. 현재를 살아가는 모두에게 깨알 팁이 될 테니, 시간에 쫓겨 이 책 중 한 장만을 골라 읽어야 한다면 단연 이 장을 추천한다!

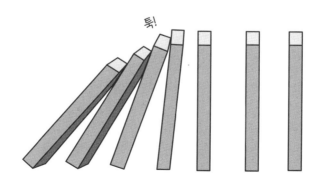

# 무대 위에서 악보를 까먹었을 때

내가 열 살 때의 일이다. 당시 나는 몸에 잘 맞지 않는 **빳빳한** 정장을 입고 온몸에 땀을 흘리며 백스테이지에 서서 떨고 있었다.

무대 중앙에는 한 소녀가 피아노 앞에 앉아 스포트라이트를 받으며 클래식 곡을 연주 중이었다.

'딩딩동동.'

피아노 소리가 관객들로 가득 찬 공연장에 울려 퍼졌다. 모든 음이 참 청아하고 꾸밈없었다.

바로 그때 선생님이 내게 다가왔다. 백스테이지가 워낙 깜깜해 그가 어떤 표정을 짓고 있는지는 정확히 알 수 없었지만 왠지 떨림이 더 심해지는 느낌이었다.

사실 불과 몇 분 전, 나는 스포트라이트 속에서 흑백 건반을 노려보며 모차르트의 소나타를 연주하고 있었다.

피아노를 배우는 아이라면 누구나 한 번쯤 쳐봤을 경쾌한 리듬에 톡톡 튀는 멜로디의 곡이었지만 어린 내게는 음악성 따위를 고려할 여유가 없었다. 그저 틀리지 않고 무사히 연주를 마치고 싶다는 생각뿐이었다. 악보를 보지 않고 하는 연주라 평소 연습을 열심히 했는지 안 했는지가 고스란히 드러나는 무대였기 때문이다.

칠흑처럼 어두운 객석에서 관객들의 시선이 날아와 꽂히는 가운데 나의 손가락은 근육의 기억대로 건반 위를 오갔다.

나는 내심 불안했으며, 공연을 2주 앞두고서야 부랴부랴 연습하기 시작한 지난날이 후회되기도 했다. 매번 이렇게 '벼락치기'를 해서 할머니까지 덩달아 긴장하게 만드는 손자가 바로 나였다.

그런데 아니나 다를까 나는 갑자기 버퍼링이 걸리기라도 한 듯 연달아 틀린 음계를 누르기 시작했다.

맙소사! 순간 머릿속이 새하얘졌다. 다음 부분을 어떻게 연주해야 하는지 까먹은 것이다!

나는 아직 머릿속에 남아 있는 멜로디를 떠올리며 재빠르게 기억을 되감기했다. 모든 것이 고요해지는 순간이었다. 피아노 건반은 유독 빛이 났으며, 나의 얼굴은 벌겋게 상기되었고, 머리는 욱신거렸다.

불현듯 악보가 보이는 듯했다. 그 기억이 어찌나 또렷하던지 선생님이 빨간 펜으로 동그라미를 친 음계며 그 옆에 적힌 '천천히'라는 메모까지 기억이 났다. 그랬다. 그 소절의 끝부분에는 쉼표가 있었고, 그 뒷부분에는 몇 개의 반음이 있었다.

나는 재빨리 제자리로 손가락을 가져간 후 건반을 눌러 새 마디의 연주를 시작했고 내가 알던 선율이 울려 퍼졌다. 그제야 한시름을 놓은 나는 계획대로 연주를 모두 마칠 수 있었다.

박수갈채 속에 부랴부랴 인사를 하고 잰걸음으로 서늘한 백스테이지에 다다르자 온몸의 떨림이 멈추지 않았다.

그런데 그때 마주한 선생님은 환하게 웃고 계셨다. 그는 말했다.

"류쉬안, 오늘 연주 정말 잘했어! 두 번째 단 뒷부분에서 약간의 실수가 있긴 했지만 금방 제자리를 찾아가더라."

나는 말했다.

"악보를 까먹었어요."

"그럴 수도 있지. 그럴 땐 기억하려고 할수록 더 생각이 안 나는 법이거든. 그런 의미에서 곡의 흐름이 끊기지 않도록 그 부분을 건너뛰고 새로운 마디부터 시작한 건 정말 잘한 결정이었다고 생각해. 앞으로 또 까먹거든 심호흡하고 처음부터 다시 연주를 시작해도 좋아. 무엇보다 당황하지 않는 게 중요하거든."

"선생님, 제가 오랫동안 연주를 멈췄나요?"

"2, 3초 정도? 그 곡을 잘 모르는 사람이면 눈치채지 못했을 정도였어. 다른 부분은 정말 훌륭했고!"

선생님의 이 말을 듣자마자 나의 떨림은 멈추었다.

나는 무거운 짐을 벗어던진 듯 한껏 기분이 들뜨면서도 한편으론 피곤함이 몰려왔다. 연주가 끊긴 게 겨우 2~3초라는 사실이 믿기지 않았다. 족히 2~3분은 된 것 같은 느낌이었는데 말이다!

# 맞서 싸우거나 도망가거나

당신에게 자기공명영상(Magnetic Resonance Imaging, MRI) 같은 투시안이 있어 내가 무대 위에서 악보를 까먹었던 그때 내 속을 들여다보았다면 아마 내 오장육부는 불에 타는 듯했을 것이다.

내 머릿속 깊은 곳에 숨어 있는 편도체(Amygdala)가 반응하며 옆에 있는 시상하부에 신호를 전달했을 테고, 그 결과 두 부위 모두가 불 켜진 느낌표처럼 반짝였을 테니 말이다.

내 허리의 부신에서 대량의 아드레날린과 코르티솔(Cortisol)이라는 이름의 호르몬이 분출되었을 테고, 심장박동이 빨라지며 혈관이 확장되고 혈압이 상승해 더 많은 혈액이 지나는 모습도 보였을 것이다. 내 폐엽의 기관지가 꽃처럼 피어나 빠른 속도로 더 많은 산소를 흡수했을 것이며, 나의 간 또한 모드를 전환해 눈물의 재고떨이를 하듯 대량의 당분을 방출해 대근육에 공급했을 것이다.

그런 다음 나는 전신에 열이 남을 느꼈을 테고, 모공이 활짝 열리며 송골송골 땀도 흘렸을 것이다.

그때 당신이 내 머릿속에 들어와 당시의 내 기분을 느꼈다면 확대된 동공 때문에 갑자기 주변이 환해지는 느낌도 받았을 것이다.

하지만 이와 함께 내 주의 범위는 좁아졌을 것이다. 어디 이뿐인가? 나의 두뇌는 위기에서 벗어나기 위해 가속 모드를 가동했을 테고, 그렇게 아무 잡념 없이 초집중의 집중 상태가 되었을 것이다. 시간이 느려진 것 같은 착각이 들 정도로 말이다.

사실 이는 전형적인 '투쟁 도주 반응(Fight or Fight Response)'이다. 자고로 인간에게 이러한 본능이 있기에 우리 조상들은 홍수와 대형 화재를 피할 수 있었고, 우리보다 훨씬 크고 힘센 동물을 사냥할 수 있었으며, 참호를 빠져나와 적과 맞서는가 하면 전장에서 혈로를 뚫을 수 있었다. 요컨대 생사의 갈림길에 설 때마다 우리 몸속에서는 앞서 언급한 것과 같은 일련의 생리적 반응이 일어나 전투력이 상승한다.

한편 안전한 곳으로 달아나거나, 사냥감 포획에 성공하거나, 적에게 승리를 거두면 혈액 속 코르티솔이 빠르게 대사하면서 부교감신경계가 제동을 걸기 시작해 냉정을 되찾게 된다. 이와 동시에 혈액 속의 엔도르핀(Endorphin)과 두뇌가 자신에 대한 일종의 보상으로 분비하는 도파민(Dopamine)이 우리를 흥분시키고, 활력이 넘치게 만들며, '임무를 완수했다'는 쾌감을 느끼게 한다. 저도 모르게 두 손을 번쩍 들고 록키처럼 하늘을 향해 "YES!"라고 외치고 싶어질 거라는 뜻이다.

물론 사람에 따라서는 이렇게 격하게 흥분하지 않을 수도 있다. 그러나 그 기분은 "후련하다!" 하는 한마디로 표현할 수 있을 것이다.

극도의 흥분상태로 백스테이지에 서서 온몸을 떨었던 과거의 내가 "정말 잘했어!" 하는 선생님의 말씀에 긴장감에서 벗어나 아슬아슬하지만 해냈다는 쾌감을 느꼈듯이 말이다.

지금도 나는 강연을 하든, 피아노 연주를 하든, 혹은 파티 DJ로 무대에 서든 여전히 열 살 때와 같은 반응을 한다. 무대에 오르기 전이면 어찌나 긴장되는지 토할 것 같은 느낌이 들기도 한다. 그러나 공연이 끝나고 박수 소리를 들으면 몸은 피곤해도 해냈다는 흥분감에 속이 후련해짐을 느낀다. 한동안 공연이 없을 때는 내심 무대를 갈망하기도 한다(그래서 박수 소리에서 멀어진 스타만큼 초라한 신세가 없다는 말이 나왔나 보다).

이렇게 스트레스를 이겨냈을 때 찾아오는 '쾌감'은 사람을 기분 좋게 만들 뿐만 아니라 면역체계를 튼튼하게 하고, 혈액 속 테스토스테론(Testosterone)을 증가시켜 자신감과 도전 정신을 키워주며, 프랑스인이 말하는 '주아 드 비브르(Joie de Vivre)', 즉 살아 있는 기쁨을 느끼게 한다.

그런 까닭에 온종일 맹수에게 쫓길 일 없는 현대인은 구장에서 시합한다거나, 달리기 대회에 참가한다거나, 롤러코스터를 탄다거나, 공포영화를 보는 등 가상의 중대한 고비를 만드는 것이다. 심리학자들도 다음 의견에 대해서는 대체로 동의하는 바다.

*적당한 스트레스는 오히려 건강에 이롭다.*

*일시적이고 해소 가능한 스트레스라면 말이다.*

GET LUCKY!
CHAPTER 3

# 적당한 스트레스의 전제 조건

다만 문제의 핵심은 위 문장의 뒷부분, 다시 말해서 '일시적이고 해소 가능한' 스트레스라는 데 있다.

우리 삶의 다양한 스트레스는 일시적이지도 또 쉽게 해소 가능하지도 않기 때문이다.

예컨대 당신이 영어를 싫어하고, 영어도 당신을 싫어하는 상황은 상당한 스트레스가 된다. 대학수학능력시험까지 아직 반년이 넘는 시간이 남았다 하더라도 아마 당신은 벌써부터 걱정하기 시작했을 것이다. 영어 성적이 안 좋으면 대학 진학에 영향을 줄 테고, 진학에 실패하면 주변 어른들의 말대로 자신의 앞길을 망치게 될지도 모를 일이기 때문이다. 일단 뭐가 자신의 '앞길'인지는 차치하고 그냥 이렇게 생각하는 것만으로도 영어는 당신의 뒤를 쫓는 맹수 같은 존재가 되기에 충분하다.

경제 불황으로 업계에 대규모 감원의 칼바람이 불 것이라는 소식 또한 스트레스다. 이를 악물고 생애 첫 보금자리 마련을 위해 예금을 탈탈 털어 계약금을 지불한 지 얼마 되지 않았다면 더더욱 그럴 것이다. 안 그래도 대출금과 생활비를 제하고 나면 매월 받는 월급도 통장을 스쳐 지나갈 뿐인데, 하루 벌이가 줄어들면 하루를 굶을 수밖에 없는 상황이 닥치기 때문이다. 어디 그뿐인가? 대출금을 갚지 못하면 꿈에 그리던 내 집도 날아갈 것이다. 회의할 때 팀장님이 한 번만 더 쳐다봐도 총알이 날아오는 듯한 기분이 드는 이유는 바로 이 때문이다.

또한 정신질환자가 길에서 칼부림했다는 뉴스도 스트레스가 된다. 자신에게 그런 일이 벌어질 확률이 높지 않다는 건 잘 알지만 TV나 라디오를 켤 때마다 관련 소식이 흘러나오고, 인터넷상에서도 온통 그 이야기로 떠들썩하기 때문이다. 그러다 보니 어느 순간 그런 정신질환자가 어디에든 있을 수 있다는 생각이 들면서 묘한 두려움에 외출할 때마다 긴장하게 된다.

이렇게 보이지 않는 장기적인 스트레스는 매일같이 우리를 괴롭히고 있다. 물론 이는 긴급 상황이 아닌 만큼 아드레날린과 엔도르핀 같은 '특공부대'가 출동하지는 않는다. 그러나 우리의 두뇌는 이러한 스트레스들을 위협으로 간주해 '2군'인 코르티솔을 대량 방출함으로써 우리의 몸이 전투 준비 태세를 유지하게 만든다.

미국 정신의학회(APA)의 조사에 따르면 미국인 2명 중 1명이 매일 스트레스를 받는다고 느끼고 있으며, '고도의 스트레스'에 시달리고 있다고 생각하는 미국인도 4명 중 1명꼴이라고 한다.

아마 한국인도 이 수치보다 높았으면 높았지, 이보다 못하지는 않을 것이다.

요컨대 코르티솔이 체내에 쌓이면 신진대사의 균형이 깨지게 된다. 자동차 터보엔진을 켜놓고 계속 공회전하면 엔진이 쉽게 타버리듯, 이는 다음과 같은 각종 질병의 위험을 높인다.

- 고혈당과 제2형 당뇨병
- 고혈압과 동맥경화
- 비만(특히 허리둘레 증가)
- 수면의 질 하락
- 불안 장애와 우울증

또한 학자들에 따르면 코르티솔이 장기간 축적될 경우 신체적 기능이 약화될 뿐만 아니라 뇌세포까지 변형시킬 수 있다고 한다.

# 피곤한가?

몸이 줄곧 전투 준비 태세를 유지하고 있으면 누구라도 피곤할 수밖에 없다. 그러나 이보다 더 큰 문제는 코르티솔의 장기간 과다 분비로 건강이 악화될 수 있다는 점이다.

아래의 10개 문항을 통해 평소 자신의 몸에서 코르티솔이 과다 분비되고 있는지를 점검해보자.

❶ 온종일 기운이 없다가 잠을 자야 할 시간에는 도리어 정신이 또렷해져 잠이 오지 않는다. 어렵사리 잠을 청해도 다음 날 일어나면 몸이 개운하지 않다.

❷ 쉽게 피로를 느끼며 8시간 정도 수면을 취해도 피곤함이 가시지 않는다.

❸ 평소 감기에 잘 걸리고, 주변 사람에게 잘 옮기도 한다.

❹ 왠지 고열량의 간식이나 인스턴트 음식이 당긴다.

❺ 먹는 양을 줄였는데도 자꾸 살이 찌고 특히 허리둘레가 증가한다.

❻ 항상 등허리가 쑤시고 두통이 잦다.

❼ 자주 배앓이나 위 식도역류 등 소화불량 증상이 나타난다.

❽ 성욕이 크게 감퇴했으며 자신이 섹시하지 않다는 생각이 든다.

❾ 자주 불안감에 휩싸이며 부정적인 생각이 든다.

❿ 전에는 성격이 좋았는데 요즘은 부쩍 화가 늘었다.


이 중 자신의 상황과 부합하는 항목이 3개 이상이면 마땅히 건강에 주의를 기울여야 하는 상태이며, 5개 이상이면 이미 심각한 상태라고 할 수 있다.

# 스트레스로 말미암은 위기를 직시하라

최근 연구를 통해 성인의 뇌도 환경의 영향을 받아 변화할 수 있을 만큼 신경가소성(Neural Plasticity 또는 Neuroplasticity)이 매우 높다는 사실이 증명되었다.

장기적으로 코르티솔이 쌓이면 대뇌 측두엽에 있는 해마(Hippocampus)가 위축될 수 있다는 일련의 연구 결과는 의학계에 충격을 안겨주기도 했다. 참고로 해마는 학습과 기억, 감정조절에 중요한 역할을 한다.

코르티솔은 우리의 두뇌에서 의사결정, 계획, 이성적 통제 등을 담당하며 '자율성의 중심'이라고 불리는 전전두엽 피질(Prefrontal Cortex)을 줄어들게 만든다. 이와 동시에 편도체의 크기를 키우는데, 편도체는 지극히 감상적인 기억을 저장하고 감정반응을 주도하는 기능을 한다.

이러한 효과들이 한데 뒤섞이면 감정조절이 어려워져 비이성적이고 감정적인 반응을 쉬이 보이게 된다.

그런 까닭에 홧김에 하지 말아야 할 말을 하고,

해서는 안 될 충동적인 결정을 내리며,

대수롭지 않은 사소한 일을 큰일로 만드는 것이다.

도미노가 넘어지는 소리가 들리는가? 이것이 바로 설상가상이다!

# 코르티솔 수치를 낮추는 방법

어쩌면 현대인의 수많은 병은 모두 코르티솔이 야기한 것일지도 모른다. 그렇다면 어떻게 해야 코르티솔 수치를 낮출 수 있을까? 내가 추천하는 방법은 다음과 같다.

## 충분한 수면 취하기

수면 시간이 6시간 미만이면 8시간 수면을 취했을 때와 비교해 혈액 속 코르티솔의 함량이 배가 된다. 그러니 잠을 그렇게 많이 잘 필요가 없다고 생각하더라도 피곤할 때는 10분이라도 잠깐 눈을 붙이는 게 좋다. 짧은 낮잠도 코르티솔의 수치를 낮추는 데 매우 효과적이기 때문이다.

## 전분 섭취 줄이기

전분을 많이 섭취하면 혈당이 급상승해 몸에 부담이 되는데, 스트레스가 클 때면 유독 폭음과 폭식을 하게 되고 특히 달달한 음식이 입에 당긴다. 하지만 코르티솔 수치를 낮추려면 반드시 이러한 충동을 이겨내야 한다. 그러니 다양한 음식을 골고루 조금씩 먹는다는 원칙하에 견과류나 채소, 지방질이 없는 살코기의 섭취를 늘리고, 과일로 단 음식을 대체해보자. 오메가3나 비타민 C, B군을 보충하는 것도 도움이 된다.

## 적당히 운동하기

일주일에 3~5회 정도 운동을 하면 코르티솔이 우리에게 미치는 영향을 효과적으로 제어할 수 있다. 물론 그렇다고 고강도의 운동을 할 필요는 없다. 일주일에 한 번 격렬한 운동을 하는 것보다 매일 빠른 걸음으로 10분을 걷는 것이 더 효과적이기 때문이다. 다른 무엇보다도 꾸준히 운동하는 게 중요하다. 꾸준한 운동이 습관이 되면 다른 좋은 습관을 들이기도 한결 수월해지니 과감하게 자신의 시간을 투자해보라!

## 껌 씹기

실험 결과 스트레스를 받은 상태에서 껌을 씹으니 혈액 속 코르티솔을 12% 남짓 낮출 수 있었다. 이는 저작운동이 머리의 혈액순환을 촉진했기 때문일 수도 있고, 음식을 먹을 때 즐거움을 느끼는 동물의 특성상 우리의 두뇌가 저작운동에 음식을 섭취한다고 오인했기 때문일 수도 있다. 이유가 뭐든 다음에 또 스트레스

가 쌓일 때는 껌을 씹어보자. 그 효과가 대단하진 않더라도 정말
간단한 방법이니 말이다.

# 스트레스를 풀어라

　인생을 살면서 누구나 뜻하지 않은 일에 충격을 받기도 하고,
갑작스런 상황에 스트레스를 느끼기도 한다. 물론 스트레스는 우
리의 투지를 불러일으키기도 하지만 문제를 제때 해결하지 못하
고 계속 마음에 담아두면 지속적인 스트레스가 오히려 걸림돌이
된다.

　앞선 설명을 통해 모두가 눈치를 챘는지는 모르겠지만 사실 '설
상가상'의 연쇄효과는 우리 자신의 심신반응에서 비롯되는 경우
가 많다. 다시 말해서 우리는 피해자인 동시에 어쩌면 무의식중에
도미노를 무너뜨린 장본인일 수도 있다는 뜻이다.

　요컨대 엎친 데 덮친 격으로 안 좋은 일들이 연달아 발생하는 것
을 막으려면 자신에게 닥친 일과 감정 사이에 거리두기가 꼭 필요
하다. 스트레스가 너무 심한 나머지 감정이 주체되지 않는다고 느
껴질 때는 잠시 자세를 가다듬고 자리에 앉아 몸의 반응을 관찰하
며 아드레날린과 엔도르핀, 코르티솔이 자신의 몸속을 휘젓고 다

니는 느낌을 느껴보자.

그런 상황이 편치는 않겠지만 그래도 자신한테 이렇게 말해보는 것이다.

"이건 다 호르몬의 농간이야. 호르몬에 내 영혼이 휘둘리게 두어선 안 돼."

몸은 그저 기관에 불과하다는 사실을 인식하고, 스트레스를 받았을 때 이 기관이 정상적으로 반응할 수 없음을 이해하면 그 느낌을 받아들이고 나아가 감정을 제어하는 방법을 배울 수 있다.

온몸이 전투 준비 태세에 돌입하면 서둘러 문제를 처리해야겠다는 생각이 들 수 있지만 이럴 때일수록 더 신경 써서 휴식을 취해야 한다. 밥때가 되면 밥을 먹고, 잘 때가 되면 자고, 쉬이 잠이 오지 않는다 해도 심신을 쉬게 해주어야 한다. 그래야 코르티솔 수치를 낮춰 두뇌를 맑게 하고 일의 효율을 높일 수 있다.

윈스턴 처칠은 날마다 낮잠을 잤는데 제2차 세계대전 당시에도 이러한 습관을 유지했다고 한다. 어떻게 보면 '전쟁 통에 한가하게 낮잠이라니!'라는 생각이 들지도 모른다. 그러나 그의 머리가 맑지 않았다면 어떻게 전략을 짜고, 영국 국민을 이끌 수 있었겠는가?

사람들은 끼니를 잘 챙기는 게 무엇보다 중요하다고들 하는데 나는 잠을 자는 일 역시 마찬가지라고 생각한다. 그러니 스트레스가 많을 때는 자기 자신과 주변 사람들에게 잠시 쉬면서 힘을 뺄 수 있는 시간을 주자. 그러면 불필요한 감정 충돌이 벌어지는 것을 피할 수 있을 테니 말이다.

# 나부터 바꿔라

최근 나는 애나에게 연락해 설상가상의 일들을 겪었던 그녀의 이야기를 독자들과 나누어도 괜찮겠느냐고 물었다. 그녀는 현재 뉴욕에 기거 중인데 기분이 많이 좋아진 듯했다. 심지어 예전보다도 더 목소리가 좋았다.

그녀는 과거 아버지와의 관계가 그리 좋지 않았다며 이 역시 그녀의 스트레스 요인 중 하나였다고 털어놓았다. 아버지가 그렇게 일찍 돌아가신 것도 생활의 스트레스와 폭음을 하는 습관 때문이었다면서 말이다. 애나는 지난 일에 대한 후회를 무거운 짐으로 삼아 자신의 과거가 미래의 발목을 잡게 둘 수는 없다고도 말했다.

그랬다. 그녀는 자기 자신을 줄곧 불행에 시달리게 놔둬서는 안 된다는 사실을 깨달은 것이다! 유산상속에 대한 소송은 변호사에게 맡기고 그녀는 친척들이 가져다주는 부정적인 에너지로부터 거리를 두었다. 어쨌든 자신 몫의 유산이라면 자신에게 돌아오게 될 테니 말이다. 그녀는 말했다.

"모든 일이 일어나는 데에는 나름의 의미가 있다고 생각해. 나도 그렇게 여러 일을 겪으면서 받아들이는 법을 배웠잖아? 때로는 불행에 저항하는 일이 부정적인 에너지를 키우는 것 같아. 오히려 인정하고 받아들이니 마음이 편안해지면서 더 큰 힘으로 무장할 수 있게 되더라. 마음이 단단해진 만큼 웬만해서는 상처도 잘 받지 않게 되고 말이야."

애나는 자기 자신을 변화의 시작으로 삼아 부정적인 감정을 떨치고 설상가상의 고리를 끊어내는 데 성공했다.

그러니 당신도 안 좋은 일들이 꼬리에 꼬리를 물어 사면초가에 몰린 듯한 상황이 오거든 숨을 깊게 들이마시며 자기 자신부터 진정시켜보라.

왜? 도미노에서 절대 무너져서는 안 되는 가장 중요한 블록이 바로 당신이기 때문이다.

부디 코르티솔이 전전두엽 피질을 줄어들게 만들기 전에 서둘러 스트레스를 완화할 방법을 찾길 바란다!

적당한 스트레스는 심신에 이롭지만 반드시
일시적이고 해소 가능한 스트레스여야 한다

장기적으로 해소하지 못하는 스트레스는 우리의 몸을
전투 준비 상태로 만들어 코르티솔의 다량 분비를 초래한다

신체적 기능을 저하시킬 뿐만 아니라 감정적인 반응을 이끌어내
일을 더 걷잡을 수 없게 만든다

# 예기치 못한 일이
# 자주 발생하는 이유 3

### 잇따른 불행을 피하라

연이은 불운은 당신을 불행하게 한다
그런데 실은 스트레스가 불행을 부르기도 한다

## WHAT CAN WE DO?

**충분한 수면 취하기**

수면을 취하면 효과적
으로 코르티솔의 수
치를 낮출 수 있다는
두뇌의 오해를 불러일
으켜 마음을 편안하게
만든다

**전분 섭취 줄이기**

과도한 전분 섭취는 혈당
을 급상승시켜 몸에 부담
을 준다

**적당히 운동하기**

운동하면 코르티솔
의 영향을 효과적으
로 제어할 수 있다

**껌 씹기**

저작운동이 음식을
섭취 중이라는 두뇌
의 오해를 불러 마음
을 편안하게 만든다

# PART 2

# 속임수로 말미암은
# 불행 피하는 법

GET LUCKY!

CHAPTER 4

# 권위에 대한 맹종

타이베이 송옌문화창작단지(松烟文創園區) 옆 길게 늘어선 나무와 높은 담장 뒤엔 커다란 정부기관 건물이 있다. 엄숙하고 조용한 분위기의 그 건물은 드나드는 사람이 많지 않아 그리 눈에 띄지 않는다. 게다가 보통 사람이라면 평생 그곳에 발 들일 일이 없을지도 모른다. 사실 그곳은 타이완의 '형사경찰'들을 총괄하는 '내정부경정서형사경찰국(內政部警政署刑事警察局)'으로, 사건 처리를 하러 오는 사람을 제외하고 관계자 외의 사람은 출입을 제한하고 있기 때문이다.

어느 날 오후, 나는 신분증을 손에 쥐고 조금은 불안한 마음으로 그 건물로 향했다. 신원 확인을 마친 후 계단을 올라가 화강암이

쫙 깔린 로비로 들어서자 일전에 전화 통화를 했던 경찰관이 나와 있었다.

솔직히 말하면 나는 그가 그렇게 흔쾌히 나의 인터뷰 요청에 응해줄 거라고는 예상치 못했다. 어쨌든 난 기자도 아니고, 소위 '지인 찬스'도 없이 형사경찰국 홈페이지에서 '금융사기 방지 전담팀'의 전화번호를 찾아 연락을 취한 터였기 때문이다.

또한 그 경찰관도 내가 상상했던 이미지와는 전혀 딴판이었다. 건장하고 우람한 체격에 조금은 거친 이미지를 생각했는데, 오히려 대학 캠퍼스에서 흔히 볼 법한 말간 얼굴의 대학원생 모습이었다. 그는 점잖고 공손했는데, 심지어 악수하는 손도 부드러웠다. 그는 로비를 지나 5층에 있는 사무실로 나를 안내했다.

형사경찰국의 '165 금융사기 방지 상담전화'는 2004년에 개설되어 그동안 8,500여 건의 사기 피해를 막아내며 약 8억 7천만 대만달러(한화로 약 350억여 원)의 금융자산을 지켜냈다. 또한 얼마 전에는 타이완과 말레이시아, 중국을 넘나들며 사기를 벌여온 일당을 검거하기도 했다.

나름대로 업무 실적이 좋은 부서인 만큼 나는 첨단과학 기술이 집약된 지휘센터를 상상했다. 각종 기기와 벽면 가득 컴퓨터 스크린이 자리한 그런 모습을 말이다. 하지만 실제 사기 방지 전담팀의 사무실은 잡지사의 편집부보다도 작았고, 소형 컴퓨터, 팩시밀리, 복사기 등의 기본 사무자동화 기기와 칸막이로 나뉜 사무용 책상, 그리고 온갖 서류와 책들이 쌓여 있을 뿐이었다. 그나마 낮은 티 테이블과 예쁜 다기가 구비된 팀장 사무실에 들어가고 나서야 형사경찰국에 왔다는 실감이 들었다.

"자자, 차 한 잔 드세요."

훈장님처럼 멋진 계장님이 손수 차를 우려 대접해주는 바람에 왠지 황송한 기분이었다. 좋은 찻잎이었는지 한 시간 남짓 인터뷰가 이어지는 동안 계장님이 계속 차를 우려 찻잔을 채워주는데도 차는 여전히 향긋했다.

내가 형사경찰국을 방문한 목적은 다름이 아니라 피해자가 왜 사기를 당하는지 알고 싶어서였다. 사기 사건에 관한 뉴스가 끊이지 않는 만큼 경찰 측에서도 개개인의 각별한 주의를 당부하며 관련 캠페인을 벌이고 있기도 하고, 그 덕분에 시민들의 경계 의식도 높아졌는데 왜 사기꾼들은 여전히 활개를 칠 수 있는 걸까?

계장님은 사전에 준비한 듯 곧바로 본론으로 들어가 이렇게 말했다.

"타이완에서 가장 많이 벌어지는 사기 사건은 인터넷거래 사기지만 재산 피해가 큰 건 단연 공무원을 사칭한 전화금융사기(보이스피싱)예요."

공무원을 사칭하는 방법이 아직도 통하다니 생각지도 못한 사실이었다.

"그런 사기의 피해자는 대부분 어르신이에요. 평생 형사법은커

넝 파출소에도 가본 적 없을 만큼 깨끗하게 사신 분들이 더 쉽게 사기를 당하죠."

"가족들이 저지를 하지 않나 보죠?"

"웬걸요! 사건이 터지기까지 가족들은 아예 모르는 경우가 많아요. 대부분 피해자가 말을 하지 않으니까요. 심지어 은행에서 현금을 인출할 때도 창구 직원에게 인출 목적을 거짓으로 둘러대는 분도 있어요. 이상한 낌새를 눈치챈 은행원의 신고로 저희가 현장에 출동해도 끝까지 '딸에게 줄 돈'이라며 얼버무리는 분도 계시고요. 은행에서 열심히 설명해서 인출을 막았는데, 집으로 돌아갔다가 다시 가족들 몰래 나와 기어이 ATM으로 돈을 빼서 중간책에게 건넨 분도 있었어요."

"네? 정말 놀랍네요. 그 순간 뭐에 씌기라도 하는 건가요?"

"저희도 기가 막혔죠. 그런데 정말 그런 피해자들이 있어요. 정황이 너무나도 명확한데도 전화 속 가짜 경찰의 말을 더 신뢰하는 거죠!"

이는 내 생각을 한참 벗어난 정말 놀라운 현상이었다.

연구를 시작하기 전까지만 해도 나는 사기꾼들의 수법이라고 해봐야 뛰어난 화술이나 기술적 결함을 이용하는 정도일 거라고 생각했다. 그런데 그들은 예로부터 흔히 볼 수 있었던 인간의 심리적 맹점을 이용하고 있었다. 따로 떨어뜨려서 놓고 보면 별것 아닌 듯 보이지만 이를 하나로 합쳐 특정 순서대로 수를 쓰다 보

115

니 이성적이고 신중한 선량한 시민들을 속여 넘기기에 충분했던 것이다.

놀라운 사실은 이렇게 내막을 파악하고 나자 병원, 회사 등등 다양한 영역에서 똑같은 수법이 자행됨을 발견할 수 있었다는 점이다. 이러한 맹점은 확실히 쉽게 사람의 이성을 마비시켰고, 심지어 자신이 속는 줄도 모른 채 남 좋은 일을 하도록 만들기도 했다.

그런 의미에서 이번 장에서는 소위 '사기꾼의 3단계 수법'을 알아보고, 어떻게 하면 그들의 수법에 홀리지 않을 수 있는지 그 방법에 관하여 이야기할까 한다.

# 당신은 얼마나 모진 '선생님'인가?

어느 날 우연히 '예일대학교에서 기억에 관한 심리 실험에 참가할 지원자를 찾습니다'라는 광고를 보았다고 가정해보자. 이에 흥미가 생긴 당신은 실험 참가자로 자원을 했고, 실험 당일 예일대학교에서 실험 책임자라는 학자를 만났다. 학자는 하얀 가운을 걸치고, 기록 차트를 든 채 나타나 또 다른 실험 참가자를 소개해주었다. 서로 가볍게 인사를 하자 학자는 앞으로 두 사람이 함께 실험에 임하게 될 거라며, 실험 중 한 사람은 선생님 역할을, 다른 한 사람은 학생 역할을 맡게 될 거라고 설명했다.

제비뽑기로 역할을 나눈 결과 당신이 '선생님'이 되었다. '학생'이 된 사람은 따로 안내를 받아 옆방으로 이동했다. 두 사람은 서로를 볼 수 없었지만 소형 무전기로 대화를 할 수 있었다.

학자는 '체벌'이 기억력에 미치는 영향을 알아보는 데 이 실험의 목적이 있다며 당신에게 영단어가 가득 적힌 종이를 건네주었다. 그 종이에 적힌 영단어를 학생에게 하나하나 읽어주고 무전기로 시험을 치르는 방식인데, 학생이 오답을 말하면 그 벌로 전기충격을 주어야 한다는 설명도 덧붙였다. 당신의 앞에는 수많은 스위치가 장착된 제어판이 놓여 있고, 각각의 스위치에는 전압의 강도가 표기되어 있었다. 학자는 문제를 틀릴 때마다 15볼트씩 전압을 높여야 한다고 주문했다. 그러고는 본격적인 실험에 앞서 기본 전압으로 전기충격을 가했을 때 어느 정도의 느낌인지를 알 수 있도록 당신에게 전기충격을 체험할 기회를 주었다.

저릿한 느낌에 당신은 생각했다.

'내가 학생이 아니어서 다행이다!'

이윽고 실험이 시작되었다. 초반에는 '학생'도 곧잘 대답했다. 가끔 오답을 말해 전기충격을 받았지만 그래도 웃어넘길 수 있는 정도였다. 그러나 전기충격의 강도가 점점 세어질수록 학생의 긴장감이 고스란히 느껴졌다. 90볼트의 전기충격에 그는 참다못해 소리를 쳤고, 120볼트의 전기충격이 가해졌을 때는 "정말 너무 아파요!"라며 고통을 호소했다. 그러나 이러한 아픔이 학생의 기억력을 높여주지는 못했다. 그가 계속 오답 행진을 이어갔기 때문이다. 150볼트의 전기충격을 받은 후 학생은 더 이상 참을 수 없는 듯 이렇게 말했다.

"됐어요! 이제 그만할래요. 날 보내줘요!"

이때 당신은 옆에 있는 학자에게 물었다.

"실험을 끝내도 될까요?"

하지만 학자는 "계속해주세요"라고 말했다.

당신은 계속해서 문제를 냈지만 학생의 머릿속은 이미 새하얘졌는지 거의 모든 문제를 틀렸고, 당신은 그에게 더 높은 전압으

로 전기충격을 가할 수밖에 없었다. 급기야 학생은 발로 벽을 차며 큰 소리로 살려달라 외쳤고 심지어 자신이 심장병을 앓고 있다고도 했다. 옆에 있는 학자는 시종일관 냉정하게 말했다.

"이건 실험입니다. 계속해주셔야 해요."

전압이 300볼트에 달하자 학생은 더 이상 반응이 없었다.

당신이 계속 문제를 내도 상대방은 묵묵부답이다. 이에 학자는 "답을 하지 않는 것도 오답으로 간주합니다. 계속해주세요!"라고 말한다.

이때 당신은 계속 전기충격 버튼을 누를 수 있겠는가?

당연히 그러지 못할 것이다. 실제로 이런 상황에 놓인다면 진즉 실험을 관뒀을 것이다. 그렇지 않은가?

그럼 다른 사람들이라면 어떨까? 100번의 실험 중 오답을 말한 학생에게 최고 450볼트가 될 때까지 전기충격 버튼을 누르는 '선생님'은 과연 몇 명이나 될까?

일단 당신이 생각하는 답을 적어보라.

GET LUCKY!
CHAPTER 4

# 권위는 사람을 맹목적으로 만든다

이는 실제로 1961년에 진행된 매우 유명한 심리학 실험으로, 당시 큰 논란과 파장을 일으키기도 했다. 이 실험을 진행한 학자는 스탠리 밀그램(Stanley Milgram) 교수였는데 요즘 같았으면 그는 학술윤리 기준에 따라 예일대학교에서 해고되고도 남았을 것이다. 왜? 피실험자에게 너무 큰 트라우마를 남기는 실험이기 때문이다!

애초에 이 실험은 '기억에 관한 실험'이 아니라 권위자에게 지시받는 상황에 놓였을 때 사람들이 얼마나 그 말을 잘 따르느냐를 알아보기 위한 것이었다.

사실 학생 역할을 맡은 사람도 미리 섭외된 연기자였다. 제비뽑기를 했어도 학생은 이미 정해져 있었기에 진정으로 실험에 참여하는 피실험자는 '선생님'뿐이었던 셈이다. 물론 전기충격을 가했을 때의 반응도 전부 학생의 연기였다. 실제로 학생에게는 그 어떤 상해도 가해지지 않았으며, 실험이 끝난 후에는 교수와 함께 피실험자에게 해당 실험의 진실을 밝히기도 했다.

그러나 여기서 중요한 사실은 학생이 불편함을 호소하며 실험 중단을 요구했을 때 옆에서 감독하던 '권위자', 즉 하얀 가운을 입은 학자가 선생님 역할의 피실험자에게 '계속'할 것을 종용했다는 점이다. 이에 450볼트까지 계속 버튼을 누른 사람은 과연 얼마나 될까?

학생은 스스로 심장병을 앓고 있다고 밝혔고, 300볼트 이후 전혀 반응을 보이지 않았다. 다시 말해서 이미 진즉에 기절했을지도 모를 학생에게 450볼트의 충격을 가하기까지 선생님은 최소 아홉 번의 충격을 더 가해야 했다는 뜻이다.

그 결과는 선생님 역할을 맡은 피실험자 본인도 믿기 어려울 만큼 실로 놀라웠다. 무려 65%의 선생님이 450볼트까지 계속 버튼을 누른 것으로 나타났기 때문이다.

어떤가? 애초 당신이 예상했던 숫자와 차이가 크게 나는가?

밀그램은 실험을 진행하기 전 예일대학교 심리학과 학생들에게도 같은 질문을 던져주었다. 학생들은 상대가 기절할 때까지 '변태적'으로 계속 버튼을 누르는 사람은 많아 봐야 100명 중 3명 정도일 거라고 예상했다.

어떤 이들은 스탠리 밀그램의 이 연구가 '인간의 본성은 악하다'는 사실을 증명했다고 보았지만 실은 그렇지 않다. 실험 기록을 보면 '선생님'들이 전기충격을 가할 때 하나같이 초조한 반응을 보였다는 사실을 알 수 있기 때문이다. 그들은 땀을 흘리며 몸을 떨기 시작했고, 입술을 깨물었으며, 말을 더듬었고, 심지어 자신의 살을 꼬집기까지 하며 정신적 고통을 드러냈다. 정말로 불쌍한 사람은 전기충격을 받는 척한 학생이 아니라 실험의 진짜 내막을 모르는 선생님이었던 것이다!

물론 피실험자들이 폭력적인 위협을 받아 권위자의 말에 복종했다고는 할 수 없다. 실험 규칙에 따르면 '선생님'이 중단하겠다는 의사를 표시했을 때 흰 가운을 입은 '학자'가 할 수 있는 대사는 네 가지뿐이었다.

"계속해주세요", "실험에 필요하니 계속해주셔야 합니다", "반드시 계속하셔야 합니다", "당신에게는 선택의 여지가 없습니다. 계속해주세요" 등이다. 그것도 감정을 배제한 채 말이다. 이렇게 네번 답을 한 후에도 선생님 역할을 맡은 피실험자가 그만하겠다는 뜻을 굽히지 않는다면 실험은 그 즉시 종료되었다.

어쩌면 당신은 이런 실험 결과가 나온 것에 대해 이렇게 생각했을지도 모른다. 예전엔 미국인들이 남의 말을 잘 듣는 편이었나? 아니면 예일대학교라는 장소의 특수성, 즉 명망 높은 고등교육기관이라는 그 장소가 결과에 영향을 준 건 아닐까?

그건 아닐 것이다. 그동안 이런 실험이 수천 번 진행되었지만 여전히 61~66%의 사람들이 권위자의 말을 따른 것으로 집계되었기 때문이다. 성별과 나이 혹은 장소를 불문하고 말이다. 다시 말해서 사람들은 대부분 권위자의 명령에 순한 양이 되었고, 사람을 해할 수 있을 정도로 맹목적이 되었다.

# 하얀 가운의 영향력

그런데 단지 하얀 가운을 걸쳤을 뿐인 '학자'의 권위가 그렇게나 대단한 걸까?

흥미로운 사실은 하얀 가운의 위력이 여기서 그치지 않는다는 점이다. 하얀 가운을 입은 사람이 의사라면 사람들은 그에게서 더 큰 권위를 느낀다.

심리학자 로버트 치알디니(Robert Cialdini)의 저서《설득의 심리학》에는 다음과 같은 황당한 실제 사례가 언급되어 있다.

어떤 환자가 귀가 아파서 병원을 찾아왔다. 진료한 의사는 간호사에게 약을 넣어주라며 처방을 내렸다. 처방전에는 'Place in R ear', 즉 '오른쪽 귀에 점이액 투약'이라고 적혀 있었다.

문제는 간호사가 'R ear'를 한 단어, 즉 궁둥이를 뜻하는 'Rear'로 잘못 보고 환자에게 하의 탈의를 지시한 후 항문에 점이액을 투약했다는 사실이다.

여기서 더욱 믿기 힘든 사실은 점이액이 말 그대로 귀 전용 물약

임을 간호사가 분명히 인지하고 있었음에도 그렇게 행동했으며, 환자 또한 아무런 의심을 하지 않았다는 것이다! 그런데 사실 의료업계에 종사하는 주변 친구들에게만 물어봐도 이렇게 바보 같은 일들이 생각보다 자주 일어난다는 점을 알 수 있었다.

예컨대 미국의 3대 병원이 함께 이런 테스트를 진행한 적이 있다.

한 연기자가 모 분과의 주치의라 자칭하며 병원 간호사 스테이션에 전화를 걸어 모 환자에게 에스트로겐(Astrogen) 20밀리그램을 주사하라는 지시를 내린 것이다. 물론 여기에는 문제가 있었다. 첫째, 전화를 받은 간호사는 해당 의사를 단 한 번도 본 적이 없으며, 둘째, 병원에서 전화로 처방을 내리는 일은 금지되어 있었다. 그리고 셋째, 에스트로겐은 아직 검증을 거치지 않은 약품이라 함부로 주사할 수 없었고, 넷째, 약품 설명서에서 명시된 것과 달리 사용량이 너무 높았다.

그렇다면 이 전화를 받고 조금의 망설임도 없이 약품을 챙겨 환자에게 주사로 투약할 준비를 한 간호사는 과연 얼마나 될까?

무려 95%였다. 경력이나 담당 분과에 상관없이 거의 모든 간호사가 자칭 의사의 전화 한 통에 병원의 규정이나 자신이 받았던 업무훈련 내용 등을 완전히 무시한 채 어쩌면 환자에게 해를 가할지도 모를 일을 하려 한 것이다.

이 얼마나 무서운 일인가! 그동안 우리가 '의사 선생님 말씀'을 얼마나 잘 따라왔는지를 한번 생각해볼 일이다. 약을 복용하라면

하고, 식습관을 바꾸라고 해서 바꾸고, 심지어 수술까지 받으면서 그게 무슨 약인지, 왜 반드시 수술받아야 하는지 제대로 물어본 적이 있던가?

팩트 체크도 거치지 않은 채 어떤 의사가 한 말인지도 모르고 그저 '의사가 말한 건강정보'라는 제목에 열심히 퍼 날라지고 있는 인터넷상의 글은 또 얼마나 많던가?

이렇듯 우리는 하얀 가운을 입은 사람을 보면 고분고분해지고, 심지어 하얀 가운이라는 소리만 들어도 순한 양이 되며, 전화기 너머의 사람이 권위자처럼 느껴지기만 해도 사람들은 그의 말을 믿고 따르게 된다.

★　★　★

*사람들은 습관적으로 심리적 지름길을 선택한다.*
*해커들이 약간의 기술만으로 개인의 정보를*
*술술 빼낼 수 있는 이유는 바로 여기에 있다.*
*외부로 절대 노출해서는 안 되는 정보가 있다는 걸*
*분명히 알고 있으면서도 남들이 거절할까 봐,*
*창피를 당할까 봐, 혹은 권위에 눌릴까 봐 두려워하는 마음이*
*마땅히 해야 할 보안 조치를 생략하게 만드는*
*해커의 설득 작업을 한층 수월하게 만들기 때문이다.*

개과천선한 해커 케빈 미트닉 *Kevin Mitnick*

# 단 하나의 이유만 있으면

이제 권위에 맹종하는 사람들의 심리를 알았으니, 다시 형사경찰국 이야기로 돌아가보자.

계장님이 말하는 전형적인 '공무원 사칭' 사기의 과정은 다음과 같았다.

사기꾼이 피해자에게 전화를 걸어 이렇게 말한다.

"저는 경정서형사국의 ○○○ 경관입니다. ○○○ 씨의 은행계좌가 돈세탁에 활용된 정황이 포착되어 개인정보 확인이 필요해 이렇게 전화드렸습니다."

이때 피해자가 당황하는 기색을 보이면 사기의 성공률은 더욱 높아진다.

특히 타이완의 노년층은 계엄령을 겪은 세대이기에 원래도 경찰에 대한 두려움을 갖고 있는데, 본분을 지키며 선량한 시민으로 살아온 자신에게 경찰로부터 전화가 왔다는 건 깜짝 놀라 당황하기에 충분한 일이다. 그러니 '확인'을 위해 자신의 개인정보를 순순히 알려줄 수밖에…….

그러면 이 가짜 경찰은 말한다.

"범죄조직이 개인의 계좌를 도용해 무고하게 피해를 입으신 것 같은데, 저희가 ○○○ 씨의 결백을 밝혀드리겠습니다. 단, 수사가 진행 중인 사건인 만큼 어느 누구에게도 사건에 대해 누설해서는 안 됩니다. '수사 비공개'의 원칙이라고 들어보셨지요? 사건 수사에 관한 사항을 누설했다는 혐의를 받게 되면 형사적 책임을 지셔야 합니다!"

여기서 사기단은 인간의 또 다른 심리적 맹점을 활용한다. 바로 누군가가 자기 말을 따르게 만들려면 그에게 단 하나의 이유를 대는 것만으로도 충분하다는 사실이다. 그 이유가 얼마나 불합리한지에 상관없이 말이다.

이는 하버드대학교의 심리학과 교수 엘렌 랭어(Ellen Langer)의 실험을 통해서도 알 수 있다. 랭어는 도서관 복사기를 사용하기 위해 줄을 선 사람들을 대상으로 끼어들기를 시도할 때, 어떤 말을 하면 성공률이 높은지를 실험한 적이 있다.

먼저 "실례합니다. 딱 다섯 페이지만 복사하면 되는데 먼저 복사기를 사용해도 될까요?"라는 물음에 60%의 사람들이 끼어들기를 허락해주었다.

한편 "실례합니다. 딱 다섯 페이지만 복사하면 되는데 먼저 복사기를 사용해도 될까요? 제가 정말 급해서요"라고 말했을 때의 성공률은 94%였다.

여기서 희한한 점은 "실례합니다. 딱 다섯 페이지만 복사하면 되는데 먼저 복사기를 사용해도 될까요? 제가 복사를 해야 해서요"

처럼 이유 같지 않은 이유를 댔을 때도 93%의 사람들이 끼어들기를 허락해주었다는 사실이다.

'내가 복사해야 하니 복사기를 먼저 사용해도 되겠느냐'니, 이는 '내가 끼어들기를 해야겠으니 끼어들기를 해도 괜찮겠느냐'고 묻는 것과 다름없는 소리 아닌가! 하지만 대다수 사람은 상대가 내놓은 이유가 합리적인지 아닌지에 상관없이 그저 이유를 들었다는 사실 하나만으로 순서를 양보해주었다.

사실 형사소송법에 '수사 비공개'의 규정이 있는 것은 사실이지만 절대 이러한 상황에 적용되는 원칙은 아니다. 게다가 경찰은 전화로 심문 및 녹취, 개인정보 요구 등을 할 수 없다. 그러나 일반 사람들은 아무래도 관련 법률 지식이 부족하다 보니 원칙이 어쩌고 법적 책임이 저쩌고 하는 왠지 엄청난 말들에 순순히 협조하고 마는 것이다. 피해자들이 가족이나 가까운 친구에게도 끝까지 이런 사실을 함구하는 이유도 실은 그들까지 연루될까 봐 두려운 마음 때문인데, 이렇게 주변과 '격리'된 피해자는 사기단에게 완벽한 착취 대상이 된다.

이때 가짜 경찰은 말한다.

"걱정하지 마세요. ○○○ 씨에게 아무 잘못이 없다는 건 잘 알고 있습니다. 제가 힘닿는 데까지 도울 테니 ○○○ 씨도 협조 부탁드릴게요. 일단 지금 은행으로 가셔서 저희 수사팀이 준비한 안전한 계좌로 돈을 이체하세요. 그러면 저희가 ○○○ 씨의 계좌를 감독해 불법 자금의 출처를 밝혀내고, 사건 종결과 함께 계좌 안의 돈을 안전하게 돌려드리도록 하겠습니다."

이에 피해자는 은행으로 가서 계좌이체를 하거나 현금을 찾아 공무원을 사칭한 현금 운반책에게 돈을 건네고는 다시 경찰 또는 검사의 전화를 기다린다.

물론 그의 결백이 밝혀졌다고 알려줄 전화는 영원히 걸려오지 않으며, 돈 또한 다시는 돌아오지 않는다.

GET LUCKY!
CHAPTER 4

# 3단계 사기 수법

피해자 스스로 계좌 안의 돈을 낯선 이에게 모두 건네기까지 사기단은 세 가지 심리적 수법을 활용했다.

- 수사기관에 종사하는 공무원이라고 신분을 밝혀 '권위'로 겁을 줌으로써 피해자를 당황하게 만들었다.
- 실제로는 아무 근거가 없지만 왠지 그럴싸하고 엄청난 듯한 말들로 피해자를 '격리'시켜 진위 여부를 확인하지 못하게 만들었다.
- '내가 문제를 해결할 수 있도록 돕겠다'라는 식의 우호적인 태도로 피해자에게 일말의 희망을 심어주며 신뢰도를 높이고 결국 돈

을 손에 쥐는 데 성공했다.

그 결과 피해자 중 적잖은 사람이 돈을 송금한 후 전화기 너머 가짜 경찰에게 인내심을 가지고 도와줘서 고맙다는 말을 했고, 심지어 이상함을 감지하고 달려온 가족과 친구들의 만류에도 고집을 부리며 기어이 돈을 갖다 바치고 말았던 것이다!

여담이지만 당시 스탠리 밀그램의 실험에는 다양한 버전이 있었다. 그중 하나는 두 명의 '학자'가 '선생님'과 함께하는 버전이었다. '학생'이 실험을 중단하게 해달라고 외칠 때 한 학자는 "계속해주세요"라고 말을 하고, 다른 학자는 "그만하시지요"라고 말을 했다. 흥미로운 사실은 두 명의 권위자가 서로 상반하는 입장을 보이자 '선생님'은 두 학자를 번갈아 쳐다보며 누구의 권위를 인정해야 할지 비교하기 시작했다는 점이다. 그러다 도무지 결정을 내리기 어렵다는 판단이 서면 대부분은 실험을 중단하는 쪽을 선택했지만 말이다.

어쩌면 이러한 결과는 경찰의 만류에도 어떻게 전화기 너머의 사기꾼을 더 신뢰하는 피해자가 있을 수 있는지 그 답을 말해주고 있는지도 모른다. 즉, 전화기 너머의 사기꾼이 경찰보다도 더 권위가 있는 검사를 사칭했기 때문일 수 있다는 뜻이다.

# 무엇으로도 사람을 속일 수 있다

사실 겁만 없으면 무엇으로도 사기를 칠 수 있다. 에펠탑을 두 번이나 팔아먹고 도주한 희대의 사기꾼 빅터 러스틱(Victor Lustig)처럼 말이다.

1925년 프랑스의 고철상들은 '파리 우편통신국'으로부터 공문을 받는다. 파리의 한 고급 레스토랑에서 중요한 회의가 열릴 예정이니 참석해달라는 내용이었다. 이에 사람들은 무슨 일일까 호기심을 안고 초대 장소로 모여들었다.

회의를 주최한 '부국장' 빅터 러스틱은 말투에서부터 격조가 느껴지는 사람이었다. 그는 고철상 대표들과 맛있는 음식을 나누며 이런저런 이야기를 하다가 이번 회의의 목적을 밝혔다. 시에서 에펠탑을 철거하기로 결정을 내려 7천여 톤의 고철을 수거할 업체가 필요하다는 것이었다. 아직 공식적인 발표가 나진 않았지만 자리에 참석한 고철상에게 먼저 소식을 알리고 입찰 방식으로 수거 업체를 선정할 생각이라고 했다.

당시에는 정말로 에펠탑이 철거될 수도 있다는 생각이 깔려 있을 때였다. 1889년 만국박람회를 위해 에펠탑을 세울 때 파리시가 내준 건축허가가 원래 20년 기한이었기 때문이다. 게다가 당시 에

131

펠탑은 '흉물스러운 고철 덩어리' 취급받으며 파리 시민들의 철거 요구에 시달리면서도 전보와 방송 신호 전달에 도움 된다는 이유로 자리 보전을 하는 신세였다.

그런데 '우편통신국 부국장'이라는 사람이 에펠탑 철거 계획을 이야기하니 고철상들은 이를 믿고 입찰에 적극적으로 응할 수밖에 없었다. 그중 고액의 입찰가를 제시한 사람은 업계에 막 발을 들여놓은 안드레 푸아송(Andre Poisson)이었다. 그는 이 사업을 따내면 업계에서 이름을 날릴 수 있을 것으로 생각했다. 하지만 그의 아내 생각은 달랐다. 이렇게 큰 사업을 비밀입찰에 부친다는 사실이 아무래도 의심스러웠던 것이다.

좀 더 확실한 설명을 요구하는 그녀에게 빅터 러스틱은 한숨을 쉬며 '솔직하게' 말했다. 자신은 일개 공무원에 지나지 않는다며, 월급만으로는 가족을 부양하기 어렵다고 말이다. 그런 까닭에 사업에 뜻이 있는 사람들이 자신에게 약간의 성의를 보여주고 순조롭게 일을 따가면서 서로에게 윈윈이 되길 바랐다고 했다. 바꿔 말하면 자신에게 뇌물을 주길 바란다는 뜻이었다.

그런데 정말 얼토당토않은 이 설명에 푸아송의 부인은 바로 신고하기는커녕 오히려 러스틱에 대한 의심을 거두었다. 푸아송 부부는 서둘러 뇌물을 찔러주며 지금으로 따지면 한화 11억 원에 상당하는 입찰가로 '순조롭게' 사업을 따냈다.

물론 이는 화려한 사기극이었다. 빅터 러스틱은 국가공무원은

커닝 대담한 사기꾼일 뿐이었다. 그는 돈이 손에 들어온 지 한 시간도 채 되지 않아 홀연히 파리를 떠났다.

여기서 무엇보다도 중요한 사실은 이렇게 큰돈을 사기당하고도 업계에서 웃음거리가 될 것을 두려워한 푸아송이 경찰에 신고하지 않았으며, 그 덕분에 반년 후 다시 파리로 돌아온 러스틱이 똑같은 수법으로 또 사기를 쳤다는 것이다! 두 번째 때는 그의 뜻과는 달리 미국에서 체포되어 옥살이하게 되었지만 말이다.

권위로 사람을 위협하고, 이유 같지 않은 이유를 대고, 상대에게 같은 편에 선 친구라는 생각을 심어주고…… 사람을 속이는 일은 참 간단하지 않은가!

# 나는 속아 넘어가지 않을 거라고 생각하는가?

물론 당신은 파리의 에펠탑을 사겠다고 나설 정도로 어리석지는 않을 것이다. 기본적인 법률 상식만 알면 공무원을 사칭한 사기극에 쉽게 휘말리지도 않을 테고 말이다.

그러나 우리 사회에는 인간의 심리적 맹점을 파고든 3단계 사기 수법으로 사람들의 마음을 가지고 놀고, 신뢰를 얻어내고, 결국 우리를 궁지에 몰아넣거나 애써 모아놓은 예금까지 털어가는 사람이 적지 않다.


실제로 몇몇 독자가 이런 이야기를 들려주었다.

"한동안 집에 물이 새서 골치를 썩인 적이 있어요. 어떻게 수리해도 뭐가 문제인지 누수가 잡히질 않았거든요. 그런데 어느 날 우연히 어머니가 수리공 하나를 알게 된 거예요. 어머니는 그에게 우리 집의 상황을 설명했고 그는 고칠 수 있다고 호언장담을 한 모양이더라고요. 다른 건 모르겠고 누수를 잡아줄 해결사라며 웬 낯선 사람이 집에 왔는데, 그의 화려한 언변 때문이었는지 저도 단번에 그를 신뢰하게 되었어요. 그리고 그 낯선 사람과 함께 ATM기로 돈을 찾으러 갔죠. 그가 재료 구입 명목으로 요구한 선금을 지불하기 위해서요. 더 황당한 건 돈을 받아 가는 그를 보며 진심으로 고마워했다는 거예요. 돈만 받고 그렇게 튀어버린 그 인간에게요!"


"유학생활을 마치고 귀국하자마자 한 회사에 채용이 되었는데, 당시 팀장님이 저를 많이 챙겨주셨어요. 팀원 중에는 저처럼 외국에서 돌아온 사람들을 '낙하산'이라고 폄훼하며 못마땅해하는 이들도 있으니 그들을 각별히 주의하라고도 일러주시고, 무슨 문제가 있으면 언제든 도와줄 테니 말만 하라고도 하셨죠. 그래서 저는 조심조심 회사생활을 했고, 동료에게나 업무적으로 불만이 있어도 팀장님에게만 털어놓았어요. 그런데 나중에 알고 보니 그 팀장님이 그런 식으로 동료들 사이를 이간질하고 있었더라고요. 제 앞에서는 저를 위하는 척하고, 돌아서서 사람들에게 제 흉을 보면서요. 이직 후 우연히 만난 옛 동료와 이런저런 이야기를 나누다 그제야 알았어요. 줄곧 제게 적의를 가지고 있다고 생각했던 그 동료들이 오히려 저를 가장 지지했던 사람이었다는 사실을요!"

"전에 엄마 대신 건강검진센터에 검진 신청을 한 적이 있어요. 시설도 으리으리하고, 이름도 난 센터였는데 무엇보다 검진 비용이 매력적이었죠. 몇십만 원이면 종합검진을 받을 수 있다고 했거든요. 그런데 엄마가 검진을 받고 몇백만 원을 결제하고 오신 거예요. 의사 선생님이 몸에 이런저런 문제가 많다면서 건강보조제를 추천했는데 마침 센터에서 판매하기에 구매하셨대요. 어쨌든 나중에 큰 병원으로 다시 엄마를 모시고 갔는데, 거기 의사 선생님은 검진센터에서 말한 수치들이 그리 심각한 수준이 아니라고 하더라고요. 건강보조제를 그렇게 많이 먹을 필요가 없다면서요. 하지만 돈은 이미 써버렸고, 먹던 걸 가져가서 환불해달라고 할 수도 없고 뭐, 그렇더라고요."

물론 누수를 잡겠다고 거짓말을 한 경우를 제외하고 다른 두 이야기는 사기라고 하기에 뭔가 부족함이 느껴질지도 모른다. 그러나 권위적인 모습으로 믿음을 준다든지, 온갖 그럴싸한 말과 이유들로 혼을 빼놓는다든지, 다른 사람과 거리를 두게 만드는 한편 특별히 보살핌을 받고 있다고 느끼게 한다든지 하는 상황은 우리의 일상 속에서 늘 있는 일이다.

어쩌면 이로 말미암아 당신은 불필요한 보험에 가입하고, 잘 알지도 못하는 금융상품에 투자하며, 값비싼 건강기능제품을 먹었을지도 모른다는 얘기다. 우리 모두가 가진 심리적 맹점 때문에 말이다. 그렇다면 어떻게 해야 남에게 이용당하거나 속아 넘어가는 일 없이 우리 자신을 보호할 수 있을까?

GET LUCKY!
CHAPTER 4

# 사기꾼의 가면 벗기기

## 공신력 있는 기관을 찾아 사실 확인을 하라

타이완에 '165 금융사기 방지 상담전화'가 개설된 지 10여 년이 되었다. 그간 632만 통의 전화가 걸려왔고, 그중 11만여 사기 사건을 접수했지만 아직도 이 존재를 모르는 사람이 많다.

보이스피싱의 타깃이 되면 대개는 당황한 나머지 어디에다 도움을 청해야 할지를 떠올리지 못한다. 교활한 사기꾼 역시 피해자가 다른 이와 통화하지 못하도록 전화를 끊지 말라고 하거나 사실을 확인해보라며 한통속의 전화번호를 제공한다.

계장님의 말에 따르면 수상한 전화를 받았을 때 사기를 당하지 않는 가장 간단한 방법은 상대에게 연락처를 남기라고 한 다음 곧바로 165 금융사기 방지 상담전화로 전화를 거는 것이다(한국은 1332 보이스피싱 신고 전용 번호가 있다). 그래도 마음이 놓이지 않는다면 가까운 파출소를 찾아가 직접 신고하는 방법도 좋다. 사기단의 수법이 아무리 기상천외하다 해도 아직 가짜 파출소를 세워 사람들을 속일 정도로 대담하지는 않으니 말이다.

## 권위에 대한 자신의 반응을 살펴라

'우리는 제복을 입은 사람을 신뢰하고, 권위자의 말을 잘 따르는 편이다. 이러한 인간의 특징은 인간이 사회를 만들어가는 토대가 되기도 한다.'

당시 밀그램은 무시무시한 실험 결과에 대해 이렇게 관용적인 해석을 내놓았다.

확실히 피해를 입은 경험이 있는 사람들은 권위자에 대해 의심을 하고, 나아가 권위자를 배척하거나 적대시할지도 모르는데, 이러한 상황은 오해와 충돌을 부르기 쉽다. 그러나 어떤 낯선 이가 공직자나 권위자의 신분으로 우리에게 다가올 때, 상대에게 영향을 받지 않기란 쉽지 않은 일이라는 사실도 부정할 수 없다. 따라서 이럴 때는 자신의 심리적 반응에 더욱 주의를 기울일 필요가 있다.

불안감이 엄습한다면 곧바로 '왜지?'라고 자문해보는 것이다. 상대가 지나치게 자신을 밀어붙이고 있다면 성급하게 대응하기보다 잠시 멈춰 자신의 반응을 느껴보라.

상대의 기세에 눌려 자신도 모르게 상대의 요구에 응하고 있지는 않은가? 이 질문에 대한 답이 '그렇다'라면 상대에게 멈추라고 소리쳐 자신의 개인적 권리와 이익부터 확보한 후, 다시 대화를 이어가야 한다.

## 상대가 정말 해당 분야의 권위자인지를 의심하라

최근 성형이 유행하면서 성형외과며 뷰티클리닉을 흔히 볼 수 있게 되었다. 다들 그럴싸한 학력을 내세우지만, 수술 혹은 시술을 하고 난 후에야 자신이 찾아간 의사가 성형 관련 경험이 그리 많지 않은 사람이었음을 깨닫는 경우도 허다하다.

물론 그들이 전부 사기꾼인 건 아니지만 권위자도 아니라는 뜻이다. 요즘은 인터넷 검색 도구가 발달해 원한다면 언제든 관련 정보를 찾아볼 수 있는 만큼 소비자는 마땅히 시간을 들여 이들의 전문성과 조건 등을 확인해야 한다. 그들이 TV에 나온 적이 있다 하더라도 자칭 '권위자'라는 사람을 쉽게 믿어서는 안 된다.

당신이 스스로 물어야 할 질문은 '그들이 해준 조언에 취할 만한 이득이 있는가?'다. 당신이 더 많은 자료를 원했을 때, 혹은 다른 사람에게 선택을 맡기겠다고 했을 때, 그들이 이를 흔쾌히 받아들이는가도 봐야 한다. 이에 상대가 불쾌감을 표한다면 그 즉시 자리를 털고 일어서야 한다. 열에 아홉은 믿을 만한 전문가가 아니라 그저 자격증을 갖춘 장사꾼일 테니 말이다.

## 의문이 있다면 계속해서 그 이유를 추궁하라

이는 매우 유용한 기술이다. 첫째, 스스로 조금 더 생각할 수 있는 시간을 벌 수 있고, 둘째, 추궁하는 과정에서 어쩌면 의외의 정보를 얻을 수도 있기 때문이다.

재테크 지식이 전혀 없었던 내 친구는 은행 직원이 자신의 실적을 증명할 자료를 뽑아주고, 친구에게 적합한 금융상품을 골라줄 때까지 그에게 투자 관련 질문을 멈추지 않았다.

'궁금한 건 끝까지 캐묻는' 호기심 덕분에 친구는 불필요한 투자를 피하고, 공짜로 재테크 수업까지 들었다. 그러니 의사나 변호사, 회계사 등을 만나거든 많이 물어라. 그러면 앞으로 더 현명한 판단을 내리는 데 도움 되는 지식을 쌓을 수 있을 것이다.

★　★　★

*권위에 대한 맹목적인 복종이 진실의 가장 큰 적이다.*

아인슈타인 Albert Einstein

# 사람들이 쉽게 속임수에
# 속아 넘어가는 이유 1

### 권위에 대한 맹종 심리에 유의하라

권위자 앞에서 당신은 순한 양이 되는 쪽을 선택할지도 모른다. 그러나 그런 선택을 하기에 앞서 상대가 진짜 권위자인지부터 확인하라

## ATTENTION:

사기단의 3단계 사기 수법

| 1 | 2 | 3 |
|---|---|---|
| 공무원을 사칭해<br>권위로 피해자를 위협한다 | 화려한 언변으로 피해자를<br>격려하여 진위 여부를<br>확인하지 못하게 만든다 | 우호적인 태도로<br>신뢰도를 높인다 |

## WHAT CAN WE DO?

 공신력 있는 기관을 찾아 사실 확인하기
수상한 전화를 받았다면 가까운 파출소를 찾아가
직접 신고하자

 권위에 대한 자신의 반응 살피기
권위자와 대화를 나눌 때는 잠시 멈춰 서서 자신의 반응을
느껴보자

 상대가 정말 해당 분야의 권위자인지 의심하기
조금 시간이 들더라도 상대의 전문성에 대해 알아보자

 의문이 있다면 계속해서 그 이유를 추궁하기
추궁하는 과정에서 의외의 정보를 얻을 수 있다

# 욕심으로 말미암은 맹점

어느 날 어시스턴트가 내게 말했다.

"링크트인(Linked-In, 기업인들이 비즈니스 파트너를 찾기 위해 사용하는 소셜 네트워크 서비스)에서 영국 재테크 전문가라는 사람에게 메시지를 받았어요. 최근 중국계 고객이 자동차 사고로 세상을 떠났는데 현지에는 고객의 친척이 아무도 없고, 연락처도 모르는 상황이라 혹시나 하는 마음에 고객과 성이 같은 제게 연락을 했다고 하더라고요. 그러면서 그 고객이 막대한 유산(약 400만 파운드, 한화로 62억 원 상당)을 남겼으니 저더러 그 고객의 친척인 척 가장해 유산을 상속받고 자신에게 일부를 나눠달라는 거 있죠."

나는 이 이야기를 듣고 소리쳤다.

"와! 링크트인에서도 나이지리아 419가 벌어지는구나!"

무슨 소린지 영문을 모르겠다는 듯 어리둥절한 어시스턴트의 표정을 보아하니 타이완에는 아직 이런 사기극이 성행하지 않은 모양이었다. 그러나 미국에서는 이메일 계정이 있는 사람이라면 열에 아홉은 유사 메일을 받아보았을 정도로 흔한 사기 수법이었다.

나이지리아 419란 나이지리아발(發) 사기 사건을 지칭하는 용어로, 여기서 419는 나이지리아 형법 419조를 가리킨다. 나이지리아에서는 사기 사건에 419라는 사건번호를 붙이는데, 미국이 나이지리아발 사기 사건을 '나이지리아 419'라 명명하면서 하나의 대명사가 된 것이다. 지금은 전 세계적으로 다양한 유형의 나이지리아 419가 존재하지만 대체로 다음과 같은 공통점이 있다.

일단 전현직 고위층을 사칭해 비자금을 미끼로 접근한다. 수중에 당장 처리해야 할 큰돈이 있는데 우연히 당신을 알게 되었다며 편지 혹은 메시지를 보내는 식이다. 비자금을 처리하는 데 도움을 주었으면 한다며, 개인 계좌를 빌려주면 한몫을 떼어주겠다는 게요지다.

그들이 '처리해야 한다'는 비자금은 일반인이 쉽게 손에 쥘 수 없는 천문학적 금액인 경우가 보통이다. 이때 당신이 상대에게 회신을 보내면 비자금을 당신의 명의로 돌려놓기 위해 변호사를 고용하고, 법적 증인을 찾는 등 당신을 돕는 척하기 시작한다. 심지어 당신의 사인이 필요하다며 현지 공무원이 작성한 공문을 보내기도 한다. 때로는 이러한 과정이 몇 주에 걸쳐 진행되는데, 이 과정에서 사람들은 '그 돈이 정말 내 통장에 들어오겠구나!'라고 믿게 된다.

문제는 바로 그때부터 불거지기 시작한다. 입금을 앞두고 문서와 관련한 '인지세'가 발생해 수천 달러를 우선 납부해야 하는 상황이 발생하는 것이다. 천만 달러를 얻을 수 있다는데 몇천이 무슨 대수냐 생각할지도 모르지만, 돈을 지불하고 나면 또 다른 문제가 터진다. 갑자기 돈세탁 방지법에 의거, 사건 처리를 보류시키겠다는 공무원이 등장해 돈으로 손을 써야 하는 상황이 발생하는 식이다.

한마디로 갈수록 문제가 많아지고 복잡해지는 것이다. 그것도 금세 돈이 들어올 것만 같은 순간마다 말이다. 그러나 당신은 생각한다. 그렇게 큰돈을 손에 쥘 기회를 어찌 쉽게 포기할 수 있겠느냐고.

피해자들이 자신의 통장을 헐어가면서까지 사기꾼에게 돈을 내어주는 이유는 바로 이 때문이다.

그런데 이보다 더 무서운 건 폭력과 협박, 심지어 살해당할 위험이 있다는 사실을 전혀 인지하지 못한 채 '공무원'과의 자리를 마련했다는 상대의 초청을 받아들여 직접 나이지리아로 날아가는 피해자들도 있다는 사실이다. 실제로 1999년에 노르웨이의 유명

기업가는 이러한 사기 수법에 넘어가 아프리카까지 가서 납치, 살해되었다.

이런 사기극이 아직 타이완에서 성행하지 않은 이유는 어쩌면 대중의 영어 실력과 연관이 있는지도 모르겠다. 그러나 중국어를 배우는 사람들이 점점 늘고 있는 만큼 언젠가 나이지리아 사람이 쓴 중문 편지를 받게 될지 누가 알겠는가. 예전엔 우편이나 팩스를 이용하던 사기꾼들이 지금은 이메일을 통해 더 많은 불특정 다수에게 마수를 뻗칠 수 있게 되었으니 말이다. 심지어 링크트인 같은 소셜 네트워크 서비스를 이용하기에 이르지 않았는가!

'Ultrascan AGI'의 통계에 따르면 2013년 한 해에만 나이지리아 419로 127억 달러의 피해를 입었다고 한다.

물론 이 책을 읽고 있는 당신은 이런 황당한 사기극에 넘어가지 않을 만큼 충분히 똑똑하다고 믿는다. 그러나 앞에서도 언급했듯 이러한 사기극이 통하는 이유는 인간이 보편적으로 가지고 있는 몇 가지 심리적 맹점을 파고들기 때문이다. 그런 까닭에 자신도 모르는 사이에 사기꾼이 놓은 덫에 걸려들고, 애초에 원치 않았던 행동까지 하게 되는 것이다. 어쩌면 이러한 맹점들 때문에 불행에 얽혀 스스로 헤어나지 못하는 것일지도 모른다는 얘기다. 그런 의미에서 이번 장에서는 사람이라면 누구나 가지고 있는 심리적 장애를 인식하고 그로 말미암은 궁지에서 벗어나는 방법을 알아볼까 한다.

# 목표에 가까울수록 위험성은 커진다

1934년 미국의 심리학자 클락 헐(Clark Hull)은 생쥐의 미로 탈출 실험을 하다가 종착점에 가까울수록 생쥐가 더 빨리 달린다는 사실을 알아냈다. 처음엔 종착점에 놓인 음식 때문일 거라고 생각했지만, 음식을 치운 후에도 결과는 마찬가지였다. 종착점이 눈에 들어왔다는 사실만으로 생쥐의 달리기 속도가 빨라진 것이다. 그는 연구보고서에 이러한 현상을 기록하고 이를 '목표 가속 효과 (Goal Gradient Effect)'라 명명했다.

그런데 사람도 마찬가지다. 목표 지점이 가까워질수록 미로를 빠져나가겠다는 동기가 확실해진다. 미로가 아니라 달리기 시합에서도 마찬가지다. 골인 지점이 눈앞으로 다가오면 선수들은 젖먹던 힘까지 동원해 막판 스퍼트를 낸다.

내가 처음 마라톤을 했을 때 나도 나의 행동에 깜짝 놀란 적이 있다.

눈앞에 골인 지점이 보이자 금방이라도 끊어질 것 같았던 다리가 갑자기 어디에서 힘이 났는지 거의 100미터 달리기 속도로 결승선을 골인했기 때문이다. 그때 누군가가 갑자기 튀어나와 길을 막았다면 그 사람을 치고 나아갔을지도 모르겠다는 생각이 들 정도였다.

목표 가속 효과는 행동심리학의 중요한 개념 중 하나인데, 실상 여러 기업에서도 마케팅전략으로 두루 활용하고 있다.

예를 들어 항공 회사의 경우 '한 번만 더 비행기를 탑승하시면 3만 마일리지를 채워 왕복티켓으로 교환하실 수 있습니다!'라는 알림 메일을 보낸다.

또한 목표 가속 효과는 매우 효율적인 스포츠 훈련 방법이 되기도 한다. 코치가 "두 바퀴만 더 돌면 개인기록을 깰 수 있어!"라고 말하는 식으로 말이다.

연구 결과에 따르면 자선행사 때도 목표 기부액이 가까워질수록 대중이 더 적극적으로 기부에 동참한 것으로 드러났다.

그러나 목표 가속 효과의 이면에는 위험성도 도사리고 있다. '남들이 하는 것을 보고 나도 덩달아 마음이 동하는 경우' 조급한 마음에 이성을 잃기가 쉽기 때문이다. 게다가 '마지막 중요한 고비'를 넘기기 위해 큰 대가도 마다하지 않게 된다. 걸어온 길이 길수록, 과정이 고될수록, 그동안 지불해야 했던 대가가 클수록 목표점이 가까워졌을 때의 '목표 가속 효과'는 더욱 강력해진다.

오늘 당신이 마라톤대회에 참가했다고 가정해보자. 세 시간여 고군분투 끝에 드디어 마지막 100미터를 남기고 고지가 보이기 시작했다. 기쁘고 흥분되는 마음에 발걸음을 내달려 막판 스퍼트를 내려는 순간, 갑자기 누군가가 튀어나와 이렇게 말한다.

"저기요! 완주 후에 난간설치기금으로 주최 측에 2만 원을 기부하시겠습니까?"

"네? 아, 네네!"

얼결에 기부를 약속한 당신은 경기가 끝난 후에야 이렇게 생각할 것이다.

'그런데 난간설치기금이 뭐지?'

물론 이렇게 막무가내로 나오는 주최 측은 없겠지만 한번 생각해보라. 눈앞에 목표를 두고 이제 와 공든 탑을 무너뜨릴 수 없다는 이유로 조금의 희생쯤은 감수할 수 있다고 생각한 적이 얼마나 많았던가?

GET LUCKY!
CHAPTER 5

# 당신은 손익 계산을 잘하는가?

한번은 재테크 관련 사이트에서 광물 투자에 관한 기사를 본 적이 있다. 수만 자에 육박하는 그 기사에는 산업에 대한 개론과 전자산업에 중요한 일부 희토류 등의 세세한 분석이 담겨 있었다. 그 기사의 결론 부분에 이르기까지 거의 한 시간 남짓을 들인 것 같았다. 기사의 마지막 부분에는 현재 평가절하된, 다시 말해서 앞으로 가장 큰 수익률을 기대할 수 있는 희토류가 언급되어 있었다. 그런데 그때 갑자기 이런 광고창이 팝업되었다.

'무료 구독은 여기까지입니다. 회원 가입을 하면 보고서 전체 내용과 연간 산업 분석표를 확인할 수 있으며, 대표 투자자에게 투자 노하우도 전수받을 수 있습니다.'

막판에 광고라니 기분도 언짢고 100달러에 가까운 회원 가입비가 너무 과하다는 생각도 들었지만, 이미 오랜 시간을 투자해 기사를 읽은 만큼 완벽한 결론을 보지 않고 끝내기엔 너무 아쉬웠다. 게다가 수익률이 좋은 투자 정보를 얻을 수 있을지도 모른다는 생각에 나는 과감히 결제했다.

그 결과는? 이름도 익숙하지 않은 어떤 광물에 투자했다가 얼마 후 가격이 대폭락해 바닥을 쳤다. 자신이 잘 알지 못하는 것에는 함부로 투자하지 말라는 말이 이래서 나왔구나! 뼈저리게 느낀 경험이었다.

사람들은 누구나 자신만의 계산기를 두드린다. 특히 어떤 선택을 해야 할 때는 어김없이 손익을 평가한다. '내가 얻을 수 있는 것에 비해 잃는 것이 더 크지는 않은가?'라고 말이다. 사람들은 결과가 확실하지 않으면 당장 손익에 별 차이가 없어 보여도 섣불리 모험하지 않는다.

그러나 이익이 손실보다 클 것 같다는 생각이 들면 슬슬 마음이 동하기 시작한다. 이때 '목표 가속 효과'가 더해지면 도박을 하기에 충분한 이유가 된다.

당첨 확률에는 변함이 없지만 로또 당첨금이 쌓일수록, 또 추첨 시간이 가까워질수록 로또를 구매하는 사람이 더 많아지는 이유도 바로 여기에 있다.

나이지리아 419는 바로 이러한 사람들의 심리를 이용한다. 뜻밖의 '인연'에 뜬금없다고 느끼면서도 천만 달러라는 이익이 곧 내 손에 쥐어질 순간을 앞두면 아프리카 공무원에게 몇천 달러 뇌물을 쥐여주는 일쯤은 일종의 '투자'라고 여기게 되는 것이다.

예전에 어떤 기자가 사기단의 조직원을 인터뷰한 적이 있는데, 그 조직원의 말이 100통의 이메일을 보내면 그때마다 3명 정도 회신을 보내는 사람이 있다며, 회신을 하기만 하면 거짓 수속에 동참할 확률이 70%는 된다고 봐야 한다고 했단다. 피해자가 첫 송금을 한 후에는 그야말로 돈을 뜯어내기가 식은 죽 먹기라는 말을 덧붙이면서 말이다.

사람들은 스스로 이성적인 판단을 내릴 줄 안다고 생각한다. 그러나 실은 더 많은 돈과 시간과 감정을 투자한 일일수록 비이성적인 선택을 하게 될 확률이 높다. 심리학에서는 이런 현상을 '매몰 비용의 오류(Sunk Cost Fallacy)'라고 부른다.

# 태풍이 부는 날 명품 가방을 기다리다

'목표 가속 효과'와 '매몰비용의 오류' 때문에 큰돈을 사기당할 뻔한 친구가 있다. 그것도 나이지리아 사람이 아니라 가까운 친구에게 말이다!

참고로 이 이야기의 주인공인 캐서린은 외국계 기업에서 일하는 회사원으로, 똑똑하고 능력 있는 데다 말투나 행동도 똑 부러져 절대 쉽게 속아 넘어갈 사람처럼 보이지 않는다.

사건이 일어나기 반년 전 캐서린은 에인절이라는 새로운 친구를 사귀게 되었다. 에인절은 친절하고 살가운 성격으로 캐서린을 살뜰히 챙겼다. 두 사람은 시간이 날 때마다 식사하고, 영화를 보고, 쇼핑하고, 차를 마시러 가는 등 함께 시간을 보내며 단기간에 둘도 없는 단짝이 되었다.

그러던 어느 날 에인절이 캐서린에게 말했다. 자신의 친구 중 레일린이라고 프랑스 명품 브랜드 기업에서 일하는 친구가 있는데, 그 친구를 통해 직원 할인가로 명품 가방을 구매할 수 있다며 생각이 있느냐는 것이었다. 안 그래도 명품 가방은 타이완에서보다 프랑스에서 사는 게 가격이 더 싼데 직원할인까지 받으면 타이완 매장가의 절반 값에 명품 가방을 구매할 수 있는 셈이었다. 에인절은 가방을 주문하면 다음에 레일린이 타이완에 나올 때 가져다 줄 거라고 했다. 이 말에 사는 게 이득이라고 판단한 캐서린은 자신에게 주는 생일선물 셈 치고 가방 두 개를 주문한 뒤 곧바로 돈을 송금했다.

그리고 몇 주 후, 레일린에게서 이메일이 날아왔다.

'안녕하세요. 저, 타이완에 왔어요! 만나서 가방을 전해줘야 하는데, 이번엔 일정에 쫓겨 급하게 나오다 보니 당신의 가방을 챙기지 못했어요. 정말 미안해요. 하지만 이틀 후에 다시 파리로 돌아가니 국제우편으로 바로 보내드릴게요. 아, 그리고 카탈로그를 보고 혹시 더 필요한 게 있으면 주저하지 말고 얘기해주세요!'

캐서린은 살짝 실망했지만 레일린이 마음껏 골라보라며 카탈로그까지 보내주었으니 이 기회에 명품을 더 사둬야겠다고 생각했다. 어쨌든 명품 신상은 인기가 많아서 되팔아도 꽤 돈이 될 터였기 때문이다. 마침 에인절도 레일린에게 주문을 더 넣을 생각이라고 했다. 그리하여 캐서린은 남자 친구에게 돈을 빌려 몇몇 동료와 함께 돈을 합친 다음 내친김에 가방 10여 개를 추가로 구매했다.

다시 몇 주의 시간이 흐르고 레일린이 가방을 들고 있는 사진과 함께 여러 장의 인보이스를 보내왔다.

'안녕하세요. 이번에 새로 나온 한정판 가방인데 마음에 드세요?'

두말하면 잔소리였다! 캐서린과 동료들은 또다시 추가 결제를 했다.

얼마 후, 드디어 운송업체로부터 타이완에 물건이 도착했다는 연락이 왔다. 그러나 세관에 걸려 신고가 필요하다고 했다. 그렇게 또 한참을 기다려 세관을 통과했는데, 이번엔 물건이 배송되기로 한 날에 불어 닥친 태풍이 문제였다. 캐서린은 집에서 오매불망 물건을 기다렸지만 물건은 오지 않았다.

결정적인 순간마다 '공교롭게도' 문제가 발생해 자꾸만 배송일이 미뤄지자 캐서린의 남자 친구는 의심이 들기 시작했다. 그가 운송업체의 주소를 찾아 검색한 결과 그곳은 공터였고, 전화를 걸어도 음성사서함으로 넘어갈 뿐이었다. 이에 그는 점점 더 이상하다고 생각했다.

하지만 캐서린의 믿음은 굳건했다.

"물건이 타이완에 도착했다고 하잖아! 인보이스도 받았고!"

에인절에게 물어보니 그녀 역시 초조하긴 마찬가지지만 전에도 레일린에게 여러 번 가방을 구매한 적이 있어서 별문제는 없을 거라고 했다.

하지만 제삼자인 남자 친구 입장에서는 의심스러운 점이 너무 많았다. 그래서 그는 IP 추적 앱을 사용해 레일린과 캐서린의 통신 기록을 살펴보았다. 그런데 레일린이 보낸 이메일이며 통신 기록, 인보이스 등의 출처가 전부 프랑스가 아닌 에인절이 다닌다는 그 회사를 가리키고 있는 것이 아닌가!

다시 말해서 레일린이 에인절이고, 에인절이 곧 레일린이었던 것이다. 프랑스 명품 브랜드 기업에서 일한다는 레일린은 애초에 존재하지 않았다! 그녀가 들고 있던 가방 사진도 인터넷상에서 복사해 온 것들이었다.

이후 캐서린의 남자 친구는 변호사를 찾아가 에인절과 대질했다. 에인절은 완벽한 증거 앞에 자신의 죄를 인정하고, 그 자리에서 그동안 받았던 모든 돈을 돌려주겠다는 각서에 사인해야 했다. 캐서린은 그제야 꿈에서 깨어났다. 캐서린의 남자 친구는 에인절을 사기죄로 고소하려 했으나 이런 사건은 종결되기까지 시간이 오래 걸리는 데다 보상도 많이 못 받는다는 변호사의 말에 그만두었다.

그로부터 에인절은 캐서린의 삶에서 완전히 지워졌다.

벌써 여러 해가 지났지만 당시의 일을 떠올릴 때마다 캐서린은 여전히 상념에 젖는다.

"어떻게 그렇게 대담할 수 있었을까? 언제까지 속일 수 있다고 생각한 거지?"

누가 알겠는가? 이 사기극이 계속되었다면 어느 날 캐서린은 '프랑스 명품 브랜드 기업'으로부터 캐서린을 불법 수입업자로 고소하는 고소장을 받았을지도 모를 일이다. 이때 에인절과 레일린은 '비공식적 합의'를 도와 캐서린으로 하여금 물건을 압수당하지 않고 일을 무사히 해결해준 은인 행세를 했을 수도 있다!

이 이야기를 듣고 내가 정말 놀란 점은 캐서린처럼 똑똑한 친구가 그렇게 비상식적인 상황을 맞닥뜨리고도 여전히 그걸 '우연'의 일치라 믿으며 당사자가 제 입으로 시인을 할 때까지 계속 돈을 보냈다는 사실이다. 컴퓨터와 법률적 지식을 어느 정도 가지고 있는 남자 친구가 사기극을 밝혀냈기에 다행이지, 에인절의 계획이 성공했다면 캐서린은 여전히 그녀를 단짝으로 생각하고 있었을지도 모른다.

돈이든, 시간이든, 감정이든 자신이 내어준 것이 많을수록 사람은 더 깊은 함정에 빠져든다. 약간의 손해를 봤을 때 발을 빼기가 더 어려운 법이기 때문이다. 그런 까닭에 영화가 재미없어도 티켓 값이 아까워 끝까지 자리를 지키고, 게임에 져서 돈을 잃고도 반전을 노리며 베팅을 멈추지 못하며, 그동안 자신이 쏟은 감정을 생각하며 진즉 마침표가 찍힌 연애 상대를 놓아주지 못하는 것이다.

★　★　★

*우리는 우리 스스로를 꽤나*
*이성적인 존재라고 생각하지만*
*실은 모순 덩어리다.*

# 자신의 감정에 휘둘리지 않도록 조심하라

흔히 낭만파들은 '가슴이 시키는 대로(Fallow your heart)'라는 말을 입에 달고 산다. 그러나 '목표 가속 효과'에 '매몰비용의 오류'가 더해졌을 때 가슴이 시키는 대로 했다가는 오히려 역효과가 나기 십상이다.

타이완에서는 '공무원 사칭'과 '인터넷 거래 사기' 다음으로 가장 흔한 사기 수법이 바로 '조건만남 사기'다.

사기 행각이 벌어지는 과정은 대체로 이렇다. 사기꾼이 젊고 아름다운 여성 사진을 이용해 SNS나 LINE 같은 실시간 통신 플랫폼에서 남성을 유인한다. 사기꾼은 급히 돈이 필요해 아르바이트 겸 조건만남을 한다고 밝히고, 남성이 흥미를 보이면 곧바로 그와 인근 모 편의점에서 만나자는 약속을 잡는다.

남성이 약속 시간에 약속 장소로 나오면 사기꾼은 남성에게 '선금'으로 게임머니를 구매해 자신에게 보낼 것을 요구한다. 그렇게 하는 것이 현금 거래보다 안전하기 때문이다. 물론 남성이 게임머니를 보낸 후에도 여성은 모습을 드러내지 않는다. 오히려 자기 자신을 보호해야겠으니 '보증금'을 더 보내달라고 한다. 이때 남성이 주저하는 기색을 보이면 여성은 즉시 애교 섞인 목소리로 부드럽게 간청한다.

"부탁할게. 이번이 처음이라 이번만 그러는 거야. 그래야 네가 경찰이 아니라는 확신이 설 것 같아서. 기왕 나 만나려고 나왔는데 얼굴은 봐야 하지 않겠어? 보증금은 돈은 만나자마자 돌려줄 거야. 물론 앞으로 다시는 이럴 일도 없을 거고. 내가 나랑 계속 만나고 싶게 잘해줄게."

은둔형 외톨이인 남성들은 대부분 이러한 메시지를 받으면 이성의 끈을 놓고 상대에게 순순히 돈을 보낸다. 그들이 순진해서라기보다 호르몬의 영향으로 이성이 마비된 결과라고 볼 수 있다. 그런 다음에는 자칭 콜걸 대기소의 사장이라는 사람이 등판한다. '신분 확인', '이 바닥 규칙' 등을 운운하며 더 많은 돈을 송금하라고 요구하는 것이다. 이때 남성이 이를 거절하면 사장은 강한 말투로 으름장을 놓는다.

"팔, 다리 어디 하나 부러지고 싶어?"

이렇게 해서 돈을 뜯긴 남성이 한둘이 아니지만 이들은 경찰에 신고할 엄두를 내지 못한다. 자신이 생각해도 너무 창피하기 때문이다.

사람이 욕정에 휩싸이면 이성적 사고는 안녕을 고한다. 그 느낌은 마치 술에 취했을 때와 같다. 더 대담해지고, 물불 가리지 않으며, 심지어 도덕적 기준마저 저버리게 된다. 오죽하면 '영웅도 미인계에서 벗어나기 어렵다'고 하지 않던가!

하지만 색욕에 눈이 멀었을 때만 이러한 현상이 나타나는 것은 아니다. 생리적 상태를 포함해 강렬한 모든 감정이 우리의 사고에 영향을 미친다. 피곤할 때, 배고플 때, 조급할 때, 화났을 때, 생각하는 방식이 모두 달라지며 결정에도 큰 차이가 나게 된다. 문제는 사람의 감정을 가지고 놀 줄 아는 누군가가 당신의 현재 감정을 이용하여 당신이 자신의 요구에 응하게끔 만들 수 있다는 데 있다.

GET LUCKY!
CHAPTER 5

# 욕심의 함정에서 벗어나라

'목표 가속 효과'와 '매몰비용의 오류'가 사기꾼에게 매우 효과적인 심리 전술이 될 수 있는 이유는 부와 권력을 추구하며, 자신이 한 투자에 본전을 떠올리는 인간의 본능적 욕구 때문이다. 그렇다면 어떻게 해야 이러한 욕구의 함정에서 벗어나 우리 스스로를 보호할 수 있을까? 그 방법은 크게 세 가지다.

## "내게 조금만 시간을 줘"라고 말한다

이는 가장 기본적이면서도 가장 중요한 방법이기도 하다. 조금이라도 이상한 낌새를 느꼈다면 섣불리 결정을 내리지 말고 조금만 시간을 달라고 말하라.

아무리 급박한 일이라 해도 당신에게는 시간을 달라고 요구할 권리가 있다. 이에 상대가 눈에 띄게 불쾌함을 드러내거나 험한 말을 하기 시작한다면 이는 명백한 경고의 신호다.

상대가 당신을 종용하고 자극해도 시간을 달라는 입장은 절대 고수해야 한다. 아무리 마음이 초조하고, 또 아무리 YES 생각이 굴뚝같아도 반드시 그래야 한다. 상대가 다급히 "얼마나?"라고 묻는다면 "몇 분이면 돼"라고 말하라. 그런 다음 재빠르게 당장의 환경에서 벗어나 심호흡하라. 화장실에 가서 가볍게 세안을 하는 것도 좋은 방법이다.

이렇게 시간을 가져야 하는 이유는 생각하기 위해서가 아니라 당장의 감정과 어느 정도 거리를 둬 냉정을 되찾기 위함이다.

감정적인 상태에서는 생각이 왜곡될 가능성이 크다. 특히 상대가 당신의 눈앞에 드리운 크고 먹음직스러운 미끼가 이제 곧 손에 닿을 듯할 때, 당신이 먼저 상대해야 할 적은 바로 당신 자신이다. 이럴 때는 무슨 생각을 해도 소용이 없다. 자칫하면 원래 자신이 하려던 결정을 더욱 굳건히 하는 결과를 낳을 수 있다.

그러니 일단은 냉정을 되찾아라! 그리고 즉시 다음 단계로 돌입하라.

## 자신을 제삼자로 만든다

그렇다. 이는 조금 이상한 방법이다. 그러나 효과만큼은 확실하니까 날 믿어라.

방법은 간단하다. 친구에게 전화를 걸어 이렇게 물어보는 것이다.

"지금 통화 가능해? 내가 어떤 이야기를 하나 해줄 건데, 네 의견을 좀 듣고 싶어서."

이때 친구가 시간을 허락해준다면 당신이 현재 처한 상황과 감정을 설명하면 된다. 단, 여기서 중요한 점은 '나'가 아닌 3인칭을 사용해야 한다는 것이다.

이를테면 이런 식으로 말이다.

"샤오밍이라는 사람이 있어. 그런데 나이지리아에서 누가 그에게 일 처리를 도와달라며 그곳으로 와달라고 했대. 일 처리만 잘되면 큰돈을 손에 쥘 수 있는 모양인데 일단 나이지리아로 가서 상대를 만나야 한다나 봐."

"샤오밍이 사바 리조트 무료 숙박 기회를 얻어서 휴가 겸 가서 재미있게 놀았나 봐. 그런데 마지막 날 무슨 설명회에 초대를 하더니 타임셰어(Timeshare, 부동산을 주간 단위로 공유하는 시스템)를 구매해 리조트에 투자하라는 제안을 받았대. 샤오밍은 흔치 않은 기회라 마음이 동한 모양이더라고. 원래도 인정이 무른 사람이라 상대가 친절하고 예의 바르게 얘기를 꺼내니 거절하기 그랬던 것 같고…… 너라면 샤오밍에게 뭐라고 말해줄래?"

이야기를 듣던 친구는 "이거 네 얘기 아니야?"라고 물을지도 모른다. 하지만 그래도 끝까지 3인칭을 사용해 하던 이야기를 마쳐야 하며 친구에게도 '너'가 아니라 3인칭을 사용해 조언해달라고 부탁해야 한다.

왜? 그 이유는 바로 '심리적 거리감(Psychological Distance)'이라는 기묘한 현상 때문이다.

우리가 3인칭을 사용해 자신의 상황을 이야기할 때 거리두기와 같은 효과가 생기는데, 관련 연구 결과에 따르면 이러한 거리감이 당장의 감정에서 벗어나 이성적으로 생각할 수 있게 해준다고 한다.

"내겐 꿈이 있어. 이번 달 안에 3킬로그램을 감량할 거야"와 "샤오밍에겐 꿈이 있어. 이번 달 안에 3킬로그램을 감량할 거래"의 느낌이 전혀 다른 이유도 바로 이 때문이다.

'내겐 꿈이 있어'라는 말에 주변 친구들은 응원을 건네며 "좋네, 넌 분명 할 수 있을 거야. 힘내!"라고 말할 수 있다.

그러나 '샤오밍의 꿈'이 되면 친구는 이렇게 말할 것이다.

"그러려면 그 샤오밍이라는 사람은 적게 먹고 열심히 운동해야겠다. 안 그러고는 어떻게 꿈을 이루겠어?"

개인적인 관계와 '자아'를 배제하면 사람들은 훨씬 실질적이고 이성적인 대답을 내놓는다.

당신의 말에 귀를 기울여주고, 당신이 처한 상황과 그 어떤 이해

관계도 얽혀 있지 않아 공정한 제삼자가 되어줄 친구라면 욕심이라는 깊은 함정에 빠져 당신이 미처 보지 못한 의혹을 제기해줄 것이다.

이야기를 들어줄 사람이 없다면? 종이와 펜을 꺼내 말로 할 이야기를 글로 적어보라. 마찬가지로 3인칭을 사용해서 말이다. 이야기를 다 적고 난 후, 다시 읽어보면 낯선 사람의 일처럼 느껴질 것이다.

이때 이렇게 자문하라.

"샤오밍의 꿈이 현실적인가? 너무 의욕만 앞선 것 아닌가?"

"샤오밍에게 일어난 일이 너무 우연의 연속인데? 이런 상황이 말이 되나?"

"그가 샤오밍에게 해줬다는 약속이 너무 장밋빛 아닌가?"

"샤오밍은 그동안 계속 지불한 대가 때문에 포기하기 싫은 것이 아닐까?"

"샤오밍은 숨은 리스크에 대해 고려해봤을까? 내가 샤오밍에게 어떤 조언을 할 수 있을까?"

이렇게 입장을 달리하는 것만으로도 자신이 처한 상황에 대한 전반적인 느낌은 물론 생각 역시 한결 객관적으로 바뀐 것을 느낄 수 있을 테니 말이다.

## '승부욕'을 '학습욕'으로 바꾼다

이미 대가를 지불했고, 심지어 손해까지 감수하기 시작했다면 반드시 자신만의 손절 지점을 설정해 더 큰 손해가 나지 않도록 멈춰야 한다.

물론 이는 말처럼 쉬운 일은 아니다. 실상 스스로 손절 지점을 정해놓고도 거기서 멈추지 못하고 자신의 원칙을 저버리는 사람이 허다하다. 지나친 승부욕 때문에 실패를 인정하지 못하거나 자신이 사기를 당한 만큼 갚아줘야 한다고 생각하기 때문이다.

하지만 인간은 이런 상태일수록 오히려 바보가 된다. 나이지리아 419 사건 중에는 이런 사례가 있었다. 피해자가 이미 자신이 사기를 당했다는 사실을 깨달았을 때, '나이지리아 검찰'을 사칭한 또 다른 조직이 피해자에게 접근한 것이다. 그들은 자신들이 범인의 행방을 파악하고 있으니 범인을 체포해 사기당한 돈을 돌려주겠다고 말했다. 이를 위해 필요한 '진행비'를 요구하면서 말이다. 그랬다. 해당 사건의 피해자는 이렇게 또 한 번 돈을 뜯겼다.

이 이야기를 듣고 어떻게 그토록 멍청한 사람이 있을 수 있느냐고 생각할지도 모르지만 화가 머리끝까지 났을 때만큼 사기당하기 쉬운 때가 또 없다. 설욕을 위해서라면 무슨 말이든 믿게 되기 때문이다.

요컨대 자존심이 강한 데다 남의 말에 쉽게 설득당하지도 않는 편이라면 '승부욕'을 '학습욕'으로 전환하는 방법을 배워야 한다.

학습욕이라니 뭘 배우라는 소리냐고? 바로 경험에서 배워야 한다!

실리콘밸리에는 이런 유명한 명언이 있다.

'일찌감치 실패하고, 많은 실패를 경험하라. 그러나 줄곧 같은 방법으로 실패하지는 마라.'

사실 실패 자체는 문제 되지 않는다. 사람은 누구나 실수하고, 손해 보기도 하며, 남에게 속아 넘어가기도 한다. 하지만 이렇게 뼈아픈 경험은 인생에 피가 되고 살이 될 교훈을 남긴다. 우리는 모두 실패 속에서 성장하며, 한 번쯤 크게 넘어져야 성장할 수 있다(적어도 크게 성공한 사람들은 다 그렇다).

그러니 누군가에게 속고, 사기를 당했다면 '비싼 수업료'를 지불했다고 생각하라. 그리고 다른 사람들만큼은 당신과 똑같은 일을 당하지 않도록 그 경험을 나눠라.

그러고 보니 예전에 상하이 홍차오(上海虹橋)공항에서 저우원량이라는 남성에게 20만 원 정도를 떼인 기억이 난다. 그 남성은 잠시 화장실에 다녀온 사이 가방을 도둑맞았다며 임시 MTPs(타이완 거류민의 대륙통행증, Mainland Travel Permit for Taiwan Residents의 약칭)를 발급받을 수 있게 돈을 빌려달라고 했다. 타이완에 돌아가거든 돈을 갚겠다면서 말이다. 나는 동향을 돕는다는 생각으로 그에게 돈을 빌려주었고 그렇게 돈을 떼였다. 나중에 인터넷을 뒤져보고야 알았지만 그 남성은 상습범이었다. 나는 당시의 경험을 담아 산문을 쓰기도 했는데 최근 한 독자가 내게 〈마카오일보〉의 기사

하나를 보내주었다.

'최근 타이완의 한 남성이 마카오국제공항에서 사기행각을 벌이다 검거되었다. 해당 남성은 급히 타이완에 돌아가야 하는데 여권과 돈을 잃어버렸다며 동향인 세 명에게 접근했으며, 이 중 한 명이 약 6,500파타카(한화로 약 90만 원)를 사기당한 것으로 알려졌다. 신고를 받은 경찰은 사건에 연루된 남성을 체포했다. 체포된 남성은 47세의 타이완 출신 저우 씨로, 경찰은 그를 사기죄로 검찰에 이송했다.'

내게 사기를 친 사람과 기사 속 저우라는 남성이 동일 인물인지는 확실하지 않지만, 이 기사를 보고 나니 왠지 속이 시원했다.

정보를 투명하게 널리 공유한다면 저우원량이나 에인절 같은 사기꾼들이 숨을 곳을 잃게 될 거라고 나는 믿는다. 그런 의미에서 '나이지리아 419'에 당한 일부 피해자가 사이트를 개설해 어떻게 하면 이런 사기극을 미리 알아챌 수 있는지, 또 어떻게 하면 사기꾼이 대어를 낚았다고 생각한 순간 보기 좋게 물 먹일 수 있는지 등의 방법을 알리는 움직임이 상당히 고무적이라고 생각한다.

승부욕을 학습욕으로 전환해 경험을 지혜로 만들어라. 군자가 원수를 갚는 데는 10년이 걸려도 늦지 않다!

# 사람들이 쉽게 속임수에 속아 넘어가는 이유 2

### 욕심을 경계하라

선택 앞에 우리는 자신만의 손익 계산기를 두드리지만, 계산기를 두드릴수록 이성의 끈을 놓아버릴 가능성이 커진다

**목표 가속 효과**

목표 지점에 가까워질수록 욕심이 커져 심지어 꽤 많은 대가를 치르더라도 목표를 완수하겠다는 비이성적 생각을 하게 된다

**매몰비용의 오류**

투자한 본전이 많을수록 비이성적 사고라는 함정에 더 깊이 빠져 헤어날 수 없게 된다

# WHAT CAN WE DO?

**"내게 조금만 시간을 줘"라고 말하라**
조금이라도 이상한 낌새를 느꼈다면 섣불리 결정을 내리지
말고 조금만 시간을 달라고 말하라. 이는 생각을 하기 위해서
가 아니라 스스로 냉정을 되찾기 위함이다

**유체이탈 화법을 사용하라**
3인칭으로 자신이 처한 상황을 설명하다 보면
생각 정리의 효과를 볼 수 있다. 따라서 자신의
감정에서 벗어나 나름대로 이성적인 사고를 할
수 있다

목표를 향해 가되 주변을 살펴라
Keep your eyes on prize, but look out on the side!

# 꿰맞추기의 맹점

 "예전에 친구가 타이베이국제도서전 전시관 밖에서 두 명의 가짜 비구니에게 8만 8천 대만달러(한화로 약 350만 원)를 사기당한 적이 있어요! 당시 친구가 아이 문제로 한창 고민이 많던 때였는데, 그 가짜 비구니들이 진짜 뭔가를 느꼈는지 아니면 친구의 얼굴에서 근심을 읽었는지 액운을 물리쳐 화를 피하는 방법을 이야기하기 시작했대요. 절에 연등을 밝히는 데 얼마가 드는데, 연등을 달고 나면 아이가 처한 상황이 금세 좋아질 거라면서요. 친구가 지금은 현금이 얼마 없다고 말하니까 함께 근처 ATM기로 가서 돈을 인출하면 되지 않겠느냐면서…… 똑똑한 친구가 그날은 왜 그랬는지 비구니들과 함께 ATM기로 가서 그 큰돈을 인출해주었대요.

자기가 사기를 당했다는 사실을 인지한 후, 친구 스스로도 자기가 왜 그랬는지 이해가 안 된다고 하더라고요. 그런데 친구 말이 그 비구니들이 정말 자신의 마음을 꿰뚫어 보기라도 한 것처럼 맞는 말만 하더라는 거예요. 진즉부터 자신의 아이를 알고 있는 듯 느껴져서 믿음이 절로 생겼던 것 같다더라고요."

이는 한 독자가 내게 들려준 이야기다. 수업료로 치기엔 8만 8천 대만달러라는 금액이 너무 비싸다고 생각했는가? 그렇다면 올해 〈뉴욕타임스〉에 실린 한 기사를 살펴보자.

뉴욕에 사는 서른두 살의 한 남자가 애정 문제를 풀려고 영매를 찾아갔다. 영매는 그에게 말했다.

"당신이 사랑하는 여자는 당신에게 아무런 감정을 느끼지 못하고 있군요. 이는 당신이 가진 부정적인 에너지가 너무 강하기 때문이에요. 이를 없애는 의식을 치러야 합니다."

그러면서 영매는 의식을 치르려면 티파니(Tiffany)의 다이아몬드 반지가 필요하다고 말했다.

그래서 남자는 다이아몬드 반지를 구매해 영매에게 건넸고, 소위 '의식'을 치렀지만 아무런 효과가 없었다.

영매는 말했다.

"두 사람은 한 쌍의 선남선녀지만 모두 음의 영혼이 깃들어 있어요. 두 사람이 진정한 짝으로 거듭나려면 이 음의 영혼을 떼어내야 하는데 이게 쉽지 않답니다!"

이에 남자는 또다시 거금을 들여 의식에 필요하다는 물건들을 마련해 영매에게 건넸다.

그 후에도 영매는 남자의 전생으로 가서 업보를 없애야 하는데, 그러려면 '타임머신'이 필요하다고 했다. 그녀가 말한 타임머신이란 다름 아닌 3만 달러에 육박하는 롤렉스 손목시계였다.

남자가 시계를 준비하자 이번에는 영계로 향하는 다리를 놓아야 한다며 영매는 현금 8만 달러를 요구했고, 이후 다리가 짧은 것 같으니 1만 달러가 더 필요하다고 했다.

그러던 어느 날, 남자는 페이스북에서 자신이 마음에 품었던 상대가 이미 세상을 떠난 지 오래라는 사실을 알게 되었다.

그는 영매를 찾아가 따져 물었고 영매는 말했다.

"세상에! 그것 보세요! 음의 영혼이 얼마나 대단하면 그녀를 죽음으로 몰고 갔겠어요?"

이 말에 남자는 정신을 차리기는커녕 외로운 그녀의 영혼이 그의 곁에 머무를 수 있게 해주겠다는 영매의 말에 넘어가 더 많은 돈을 지불했다. 그렇게 2년에 가까운 시간 동안 자신의 재산을 탕진하고서야 남자는 경찰을 찾아가 도움을 요청했다.

경찰은 남자가 그동안 영매에게 건넨 돈을 합산해보고 깜짝 놀라지 않을 수 없었다. 무려 71만 3,975달러(한화로 약 8억 37만 원)였기 때문이다!

세상에 이런 사기에 넘어가는 사람이 어디 있느냐 싶겠지만, 실제로 그런 사람이 있다. 그것도 아주 많이!

실제로 신문이나 뉴스를 보다 보면 이처럼 황당한 사기 사건에 대한 기사와 보도를 쉽게 접할 수 있다. 때로는 사회면에 대서특필이 될 정도로 굵직한 사건도 적지 않다.

그렇다면 사람들은 대체 어떻게 '저승에 땅을 사야 한다'는 둥 '음양의 조화를 맞춰야 한다'는 둥 누가 들어도 이상한 논리를 그렇게 철석같이 믿게 되는 걸까?

이번 장에서는 바로 이러한 사기 사건에서 엿볼 수 있는 인간의 맹점을 다루고자 한다.

물론 〈뉴욕타임스〉에 실린 기사 속 주인공처럼 처참하게 사기를 당하는 일이 흔한 일이라고는 할 수 없다. 그러나 우리 모두가 똑같은 맹점을 가진 이상 자신도 모르는 사이에 이 같은 사기를 당하지 말라는 법은 없다. 요컨대 속는 사람들은 믿는다. 믿고 싶고, 또 믿어야 하기 때문이다.

자, 그럼 사람이라면 누구나 가지고 있으며, 프로 사기꾼이라면 한눈에 간파해 파고들 수 있는 심리적 빈틈에 대해 살펴보자.

★ ★ ★

*인생에서 자신의 운명을 다른 사람의 손에*
*맡기는 것보다 더 큰 불행은 없다.*

# 통제할 수 있을 거라는 착각

**맹점 1** 통제할 수 없는 일일수록 통제할 수 있다고 믿는다.

언뜻 말장난 같기도 하고, 또 모순적으로 들리기도 하는 말인데 설명하자면 이렇다.

1967년 사회학자 제임스 헨슬린(James Henslin)이 아마추어 도박사의 행동을 관찰하다 발견한 공통의 특징이 있다. 바로 주사위 게임에 참가한 사람 대다수가 큰 수를 희망할 때는 더 힘껏 주사위를 던지는 반면, 1이나 2처럼 작은 수를 바랄 때는 가볍게 주사위를 던진다는 것이었다. 물론 이는 미신에 기인한 행동은 아니었다. 대다수 사람은 자신이 그런 행동을 했는지조차 의식하지 못했기 때문이다. 그런데 이러한 무의식적 행동에는 그렇게 하면 효과가 있을 거라는 그들의 믿음이 어느 정도 깔려 있었다.

사람들은 주사위에 달리 손을 쓰지 않는 한, 세게 던지든 살살 던지든 결과에 영향을 주지 않는다는 사실을 뻔히 알면서도 힘의 세기를 달리하고, 특별한 손동작을 동원하고, 주문을 외고, 주사위에 입김을 불어넣었다. 이러한 행동을 통해 게임을 통제하고 있다는 느낌을 가지려 한 것이다.

심리학에서는 이러한 현상을 '통제의 환상(Illusion of Control)'이

172

라고 부른다. 쉽게 말하면 외부 환경을 자신이 통제할 수 있다고 믿는 일종의 착각인데, 사람들은 자신이 영향력을 행사할 수 없는 상황에서도 자신이 통제력을 지니고 있다고 믿을 때가 있다. 인간이라면 누구나 자신의 삶을 스스로 통제한다고 느끼고 싶어 하기 때문이다.

인생에서 가장 통제하기 힘든 일이 벌어진 순간, 혹은 중요한 결정을 앞두고 어떻게 해야 할지를 몰라 망설여지는 순간, 미신을 믿게 되는 것도 같은 이유에서다.

미국의 전 대통령 로널드 레이건은 대통령 재임 당시 점성술사에게 의존해 국정을 운영한 것으로 알려져 있다. 전 백악관 비서실장 도널드 리건(Donald Regan)은 이렇게 폭로했다.

"대통령의 모든 일정과 중요한 결정 뒤에는 샌프란시스코에 거주하는 점성술사가 있었다. 그녀가 별자리에 따라 적합한 시기인지 아닌지를 판단하는 식이었다."

때가 좋지 않다는 점성술사의 말 한마디에 영부인은 곧바로 대통령의 일정을 취소했고, 그렇게 며칠씩 일정이 연기되는 일도 있었다고 그는 주장했다.

한 나라의 원수가 일반인에게 민감한 결정을 맡겼다는 폭로는 세상을 떠들썩하게 만들었다. 이에 영부인 낸시 레이건(Nancy Reagan)은 자신의 회고록을 통해 확실히 그런 일이 있었던 것은 사실이지만 남편의 안위가 걱정되어 일정을 짜는 데만 조언을 얻었을 뿐이라고 해명했다. 1840년부터 끝자리가 '0'으로 끝나는 해에 당선된 대통령들이 모두 임기 내에 급작스럽게 세상을 떠나거나 암살을 당해 '20년의 저주'라는 흉흉한 소문이 돌았는데, 레이건이 1980년에 당선된 데다 취임 후 얼마 되지 않아 암살당할 뻔한 적이 있어 걱정하지 않을 수 없었다는 나름의 이유를 대면서 말이다. 그녀는 이렇게 기술했다.

'연예계에 꽤 오랜 세월 몸담아왔기에 이런저런 미신 얘기를 많이 들었다. 연예인의 삶이 워낙 변화무쌍하고 불확실성이 커서인지 내가 아는 연예인들도 어느 정도 미신을 믿는 편이었고, 무엇보다 배우였던 내 어머니의 영향도 컸다고 생각한다.'

인생의 무상함을 느낄 때 우리는 어떻게든 그 무상함에 대항하려 한다. '불확실성'은 우리에게 근심을 안겨주기 때문이다. 그러나 문제는 이러한 근심을 해결할 수 없을 때 생긴다. 가만히 앉아 그 무엇도 하지 않는 것보다 뭐라도 하는 게 낫지 않겠느냐는 생각에 뭐든 시도해보려고 해서다.

그런 까닭에 불경기일 때는 점집이 문전성시를 이루고, 실연했을 때는 연애운을, 주식시장이 폭락했을 때는 재물운을 신에게 빌며, 가족이 아플 때는 온갖 민간요법을 동원하게 되는 것이다.

물론 자신의 불안과 걱정을 떨칠 방법을 찾는 것은 지극히 정상적인 행동이다. 사이비만 아니라면 종교적 믿음으로 힘을 얻는 방법 또한 정신적으로 도움이 된다.

그러나 가장 고민이 많고, 나약한 순간일수록 터무니없는 말에 속아 넘어가기 쉬운 만큼 각별히 주의를 기울여야 한다. 게다가 프로 사기꾼들은 근심이 가득한 당신의 모습을 놓치지 않을 테니 말이다.

★　★　★

*집에 불이 나면 많은 사람이 달려올 것이지만*
*그렇다고 모든 사람이 불을 끄러 오는 건 아니다.*

GET LUCKY!
CHAPTER 6

# 주관적 오판

**맹점 2** 믿고자 하는 마음에 기꺼이 꿰맞춘다.

앞에서도 언급했지만 《돈과 운을 끌어당기는 좋은 심리 습관 (Get Lucky 1)》을 집필할 당시 나는 인터넷상에서 설문조사를 진행한 바 있다. 약 1만여 명이 설문조사에 응해주었고, 양적 통계와 질적 분석을 거친 결과 나는 내 책의 독자층에게 독특한 특징이 있다는 사실을 발견할 수 있었다. 어쩌면 이 책을 읽고 있는 당신도 이에 해당할지 모르겠다.

'당신은 자기반성을 할 줄 아는 사람으로 때로는 자책하기도 한다. 많은 잠재력을 가지고 있지만 아직 어디에 힘을 쏟아야 할지 갈피를 잡지 못했다. 독립적인 사고에 능하며, 근거 없이 함부로 다른 사람을 신뢰하지 않는다. 겉으로는 자신감이 넘쳐 보이지만 실은 자신감이 부족하고, 고민이 많은 타입이다. 안정적인 삶을 원하며, 자신에게 그런 삶을 쟁취할 능력이 있다는 것도 알지만 비현실적인 꿈을 좇기도 한다. 다채롭고 변화가 있는 삶이 좋아 규범이나 제약이 자신을 옭아맬 때마다 이에 못마땅해하며 반기를 들기 시작한다.'

어떤가? 분석이 정확하다고 생각하는가? 분석 내용이 '딱 내 얘기'라고 생각했다면 응원의 뜻으로 내 책을 더 많이 읽어주길 바란다.

하하, 농담이다. 사실 이는 내가 한 분석이 아니라 〈비정상 및 사회심리학(Journal of Abnormal and Social Psychology)〉이라는 학술지에 실린 내용이다.

이 학술지의 저자 버트램 포러(Bertram R. Forer)는 심리학 교수다.

1948년 그는 학생들에게 성격 진단 테스트라며 설문지를 작성하도록 한 다음, 일주일 후 모든 학생에게 각자의 분석 결과지를 나눠주었다. 결과지를 받은 학생들은 분석 결과가 정확하다고 입을 모으며 적중률이 85% 이상은 되는 것 같다고 말했다.

이후 포러는 학생들에게 서로의 결과지를 바꿔보라고 했고, 학생들은 그제야 모두가 똑같은 결과지를 받았다는 사실을 깨달았다.

이때 포러는 말했다. 사실 결과지의 내용은 자신이 쓴 것이 아니라 신문 가판대에서 구매한 별자리 운세의 내용을 베껴 쓴 것이라고 말이다.

자, 그럼 위의 분석 내용을 다시 꼼꼼히 읽어보라. 한마디 한마디가 자신의 이야기 같기도 하지만 누구에게나 해당하는 이야기 같기도 하지 않은가?

이처럼 사람들이 보편적으로 가지고 있는 성격이나 심리적 특징을 자신만의 특성으로 여기는 심리적 경향을 '포러 효과(Forer Effect)' 혹은 '바넘 효과(Barnum Effect)'라고 한다. 이러한 경향은 문화나 성장배경을 막론하고 거의 모든 사람에게 나타난다. 이는 이미 여러 실험을 통해 입증된 사실로, 연구 결과에 따르면 사람들은 대부분 '진짜' 성격 분석 결과지를 받은 후에도 이전의 '포괄적인' 결과지가 더 잘 맞는다고 생각했다고 한다!

다만 사람들이 포괄적 정보에 대해 더 정확도가 높다고 여기려면 세 가지 조건이 성립해야 하는 것으로 나타났다.

◆ 정보의 '개인화', 그러니까 자신만을 위한 맞춤 결과라는 믿음이 필요했다.
◆ 분석가의 권위에 대한 믿음이 있어야 했다.
◆ 분석 내용에 나쁜 말보다 좋은 말이 많아야 하며, 가능한 한 좋은

말이 먼저 나오고 나중에 나쁜 말이 나와야 했다.

이 세 가지 조건에 부합하면 사람들은 대부분 기꺼이 결과에 자신을 꿰맞추며 결과를 믿어 의심치 않았다.

*당신은 특별하다……*
*다른 사람들과 마찬가지로.*
**출처 미상**

# 어느 영매의 고백

마크 에드워드(Mark Edward)는 프로 마술사로, 한때는 영매로 활동하기도 했다. 퇴직 후 그는《사이킥 블루스: 영매의 고백(Psychic Blues: Confessions of a Conflicted Medium)》이라는 자서전을 썼다.

그가 영매로서 활동을 시작한 건 상담전화 서비스를 통해서였다. 1990년대 미국에는 영매가 상담을 해주는 '사이킥 프렌즈 네트워크(Psychic Friends Network)'라는 상담전화가 있었다. 이 상담전화서비스는 주로 심야 시간의 TV 프로그램 앞뒤로 광고를 내보내며 미국 최고의 영매가 전화로 당신의 길을 바로잡아줄 것이라고 선전했다.

한창 성업이던 시기에는 한 달에 3만 여분의 전화 통화가 이뤄지며 1억 4천만 달러(현재 기준 한화로 약 1,569억)에 육박하는 연수익을 내기도 했다. 에드워드는 이 상담전화의 인기 영매 중 한 명이었지만 그가 받는 보수는 그리 높지 않았다. 통신 회사와 사이킥 프렌즈 네트워크의 모회사가 수익 대부분을 가져갔기 때문이다.

물론 집에서 일을 할 수 있다는 장점은 있었다. 그러나 한창 일을 하는 시간이 한밤중이다 보니 수면의 질이 떨어진다는 게 문제였다. 고민이 많은 사람은 대부분 불면에 시달리다 혹은 때마침 TV에 나오는 광고를 보다 호기심에 전화를 걸어오는 경우가 많았다.

그가 밝힌 전화 통화 과정은 이랬다. 한밤중에 전화벨이 울린다. 그는 잠에서 깨어나 서둘러 정신을 차린 후, 수화기에 대고 이렇게 말한다.

"환영합니다. 사이킥 프렌즈입니다. 저는 마크, 내선번호 7408입니다. 어떻게 도와드릴까요?"

그러면 한참 뒤에 작고 위축된 목소리로 답이 돌아온다.

"안녕하세요. 저는 진저라고 해요."

"네, 안녕하세요. 진저 씨! 반갑습니다. 특별히 묻고 싶은 게 있으신가요? 아니면 제가 먼저 기운을 좀 느껴볼까요?"

"음…… 실은 당신이 내게 무슨 말을 할까 호기심에 걸어본 거예요. 초반 5분은 무료 맞죠?"

그랬다. 사이킥 프렌즈 네트워크의 셀링 포인트는 바로 '초반 5분 무료통화'로 이후에는 분당 4달러(현재 기준 한화로 약 4,500원)가 부과되었다. 그런 까닭에 전화를 받는 영매는 어떻게든 이 5분 안에 상대의 마음을 사로잡아야 돈을 벌 수 있었다.

"진저 씨, 당신에게서 불안한 기운이 느껴지는데, 외롭고 무기력한 상태에 빠진 모양이네요."

"네, 맞아요."

진저는 대답한다.

약간 잠긴 그녀의 목소리에는 약간의 비음이 섞여 있다. 이는 그녀가 방금 전에 눈물을 흘렸다는 사실을 알 수 있는 단서다. 이때 진저의 연령대에 대한 판단이 끝나면 대화를 끌고 나아가기가 한결 수월해진다.

"감정 문제에 대한 고민이 느껴지는데, 때로는 그 감정이 당신을 두렵게 만드는군요. 곁에 있는 사람들은 줄곧 받으려고만 하고, 당신은 기꺼이 내어주려 하고. 이런 부분이 당신을 슬프게 하고 있네요. 하지만 저는 이렇게 착하고 사심 없는 성격을 바꾸라고 조언할 수는 없어요. 그건 당신의 타고난 성격이니까요. 다만 지금이 재평가를 위해 중요한 시기는 맞아요. 지난 몇 개월 동안 당신이 잃어버린 것들에 대해 짚고 넘어갈 필요가 있죠. 실은 그들에게도 당신이 필요하다는 걸 알아두세요. 당신이 그들을 필요로 하는 것보다도 더."

진저는 아무 대꾸도 하지 않는다. 이에 에드워드가 살짝 긴장하는 순간, 수화기 너머로 흐느끼는 소리가 들려오더니 진저가 눈물을 삼키며 말한다.

"맞아요! 정말 그래요!"

"당신 곁에 있는 사람은 당신이 행동을 취하길 기다리고 있으니, 당신이 조금 더 강해질 필요가 있겠네요. '황소를 상대하려면 그 뿔을 잡아야 한다'고 하잖아요……."

그러자 갑자기 진저가 목소리를 높이며 말한다.

"맙소사! 어떻게 아셨어요? 전 남자 친구가 정말 전형적인 황소자리 남자라 고집이 여간 보통이 아니었거든요!"

전화를 하는 동안 이렇게 세부 사항 한두 가지만 적중하면, 상대는 금세 에드워드의 광팬이 되었다고 한다. 그러면 에드워드는 여유롭게 시간을 써가며 상대에게 '영적 계시'라는 조언을 건넬 수 있었다. 그럴 만한 가치 없는 사람에게 시간을 낭비하지 말라는 식의 모호한 조언을 말이다.

끝으로 에드워드는 더 이상 전화기를 붙들고 있지 말고 얼른 행동하라는 당부도 잊지 않았다고 한다. 반쯤은 진심 어린 조언이었고, 또 반쯤은 이미 장시간 통화를 했으니 혹시 비싼 통화료가 체불될까 걱정되는 마음에서였다.

에드워드는 자서전에서 이렇게 말했다.

'까놓고 말해서 나의 영적 능력이란 사실 집중해서 듣는 능력이었다. 여기에는 요령이 필요하지 않았다. 한때는 저급한 수단으로 사람들을 속이기도 했지만 결국 나의 능력에 대한 고객들의 믿음은 이러한 요령과는 전혀 관계가 없었다. 인간은 자신이 믿고 싶은 대로 믿는 법이다.'

요컨대 당신이 상대를 믿고 상대가 당신에게 듣기 좋은 말들을 쏟아내는 경우, 사람 대부분은 상대의 말에 기꺼이 자신을 꿰맞추려 한다.

★　★　★

*나는 희망을 팔았다.*
*여기에는 머뭇거림 없는 언사와*
*절대적인 믿음이 필수였다.*

마크 에드워드

GET LUCKY!
CHAPTER 6

## 확인 후의 편견

 일단 꿰맞추기를 하고 나면 우리는 거기에서 벗어나지

않으려 한다. 누군가 반대되는 증거를 제시해도 여전히 자신의 생각이 옳다고 믿는다.

사람은 누구나 '심리적 자기방어기제'를 가지고 있다. 이 방어기제는 면역 시스템처럼 우리의 몸과 마음에 위협이 되는 외부적 요소들을 자동으로 막아낸다. 한마디로 세균이나 바이러스는 물론 우리의 가치관에 도전이 되는 생각들도 자동 차단된다는 뜻이다.

우리가 습관적으로 보고 싶은 것만 보고, 듣고 싶은 것만 들으며, 우리의 내적 기준에 맞지 않는 정보들을 무시하는 이유도 심리적 자기방어기제가 작동한 결과다. 심리학에서는 이렇게 자신의 기존 신념이나 가치관을 확인하고 강화할 정보만 찾는 현상을 '확증 편향(Confirmation Bias)'이라고 한다.

이는 사람이라면 누구에게나 있는, 고치기 어려운 습관이기도 하다. 변화는 어렵다. 변화에는 고통이 따르기 때문이다.

지난날 자신의 사춘기를 떠올려보라. 부모님과 기성세대의 가치관에서 벗어나 자신의 세계관을 정립하기 시작했던 바로 그때를 말이다. 독립을 원하지만 자신이 없어 혼란스럽고, 막막했던 그 시기는 청소년이던 우리가 반드시 겪어야만 했던 힘겨운 과정이었을 것이다.

그러나 좌절하고 고민하고 발버둥치면서도 공부, 여행, 친구, 연애 등을 통해 인생의 새로운 부분을 알아가며 조금씩 진중함을 갖춰나가지 않았던가? 그런데 당신에게 다시 한번 사춘기를 경험하라고 한다면, 그래서 가지고 있던 기존의 가치관을 무너뜨리고 다시 새로운 가치관을 세워보라고 한다면 어떨까? 아마 다들 "됐거든!"이라고 말할 것이다. 그 인고의 시간을 굳이 또 겪을 필요가 있느냐면서 말이다.

다시 한번 말하지만 변화는 어렵다. 특히 생각과 가치관이 정형화된 후에는 웬만해선 자발적으로 변화하기가 쉽지 않다.

예컨대 2008년 미국 대선 당시 학자들이 아마존 인터넷 서점의 서적 구매 동향을 분석한 결과, 오바마의 정론을 지지하는 서적은 모두 오마바의 지지자가, 오바마의 정론에 반대하는 서적은 모두 오바마를 반대하는 유권자가 구매한 것으로 드러났다. 다시 말해서 유권자들은 더 다양한 정보를 얻기 위해서가 아니라 자신의 정치적 입장을 확인하기 위해 책을 구매한 셈이었다.

이러한 현상은 타이완에서도 찾아볼 수 있다. '녹색당(민진당, 당의 상징이 초록색이다)'을 지지하는 사람들은 녹색당에 친화적인 TV 채널을, '청색당(국민당, 당의 상징이 파란색이다)'을 지지하는 사람들은 청색당에 우호적인 TV 채널을 골라 시청한다. 물론 가끔 채널을 돌릴 때도 있지만 다른 채널을 보다 보면 이내 불편함 내지 불쾌감을 느낀다.

이뿐만이 아니다. 원래 댓글 창은 서로 다른 의견을 가진 사람들이 공개적으로 토론하며 교류하라고 만든 장이다. 그러나 그동안 사람들은 같은 입장을 가진 이들끼리 똘똘 뭉쳐 반대 의견을 가진 사람을 공격하고, 비하하는 장소로 댓글 창을 활용했다. 그런 까닭에 최근 구미 국가의 여러 포털 사이트가 하나둘 댓글 기능을 폐지하기 시작했다. 댓글 창에서 오가는 '대화'를 통해 지적 수준을 높일 수 있다는 순기능보다 과격한 대립을 부추기는 역기능이 더 크다고 판단해서다.

예전에 내가 광고 회사에서 일했을 때도 클라이언트들은 항상 자신이 듣고 싶은 결과만 들으려 했다. 대부분의 클라이언트는 첫 브리핑 때부터 이미 확고한 자신의 입장을 가지고 있었다. 시장조사 결과가 그들의 생각과 맞지 않는다 싶으면 한 귀로 듣고 한 귀로 흘리기 일쑤였다. 심지어 어떤 클라이언트는 사장조사 결과를 달리 이용해 자신의 생각을 밀어붙이기도 했다.

한 번은 클라이언트와의 포커스 미팅을 위해 다양한 민족의 소비자를 대상으로 한 심층 인터뷰를 준비한 적이 있다. 클라이언트는 비즈니스 모델 전환을 고민 중인 요식업 회사였다. 회사 내부적으로는 가맹방식으로 빠르게 사업을 확장했으면 하는 파와 기존의 직영방식을 유지하길 바라는 파가 있었다. 두 파를 대표하는 관계자가 단면 거울 뒤 밀실에 앉아 지켜보는 가운데 심층 인터뷰가 진행되었다.

인터뷰 진행 중 가맹파에 유리한 발언이 나오자 가맹파 대표가 격하게 고개를 끄덕이며 열심히 메모하는 모습을 볼 수 있었다. 한편 "질적으로 믿을 만한 서비스를 제공하는 데에는 기존의 방식을 유지하는 편이 좋다고 생각해요"라는 소비자의 말에 직영파 대표가 흥분하며 메모를 했다. 물론 그때 가맹파는 마치 아무 소리도 들리지 않는다는 듯 냉정함을 유지했다.

인터뷰를 마치고 두 관계자에게 각각 이번 인터뷰를 지켜본 소감을 물었더니 가맹파의 대표는 이렇게 말했다.

"아주 좋았어요! 덕분에 가맹의 필요성을 확인할 수 있었습니다!"

직영파의 대표는 이렇게 말했다.

"직영 유지를 원하는 소비자들의 뜻을 분명히 알 수 있어서 정말 좋았습니다!"

같은 인터뷰를 지켜봤음에도 결국 두 사람은 자신이 듣고 싶은 부분만 들은 것이다.

GET LUCKY!
CHAPTER 6

# 역화 효과

원래는 이렇다 할 입장이 없다가 나중에 입장이 생기는 경우 '확증 편향'은 우리의 기억을 바꿔놓기도 한다.

이를 증명한 흥미로운 실험 결과가 있다. 실험자는 먼저 사람들에게 〈제인의 일주일〉이라는 글 한 편을 보여주었다. 이 글의 주인공 제인은 내향적인 모습과 외향적인 모습을 모두 가지고 있는 인물이었다.

며칠 후 실험자는 글을 읽은 사람들을 두 그룹으로 나누어 한 그룹에게는 제인이 도서관 사서를 맡기에 적합한지를 평가해달라고 하고, 다른 한 그룹에게는 부동산 중개인으로 일하기에 적합한지를 평가해달라고 했다. 각각 내향적인 사람과 외향적인 사람에게 어울리는 직업이었다.

그 결과 두 그룹의 사람들이 기억하는 제인의 이미지에 차이가 있음이 드러났다. 도서관 사서로서의 적합성을 평가해달라고 요청받은 그룹은 글 속에 드러난 제인의 내향적인 면을 더 잘 기억하는 반면, 부동산 중개인으로서의 적합성을 평가해달라고 요청받은 그룹은 제인의 외향적인 면을 더 많이 기억했다. 한마디로 평가해야 할 입장에 따라 그들의 기억이 달라진 것이다.

더욱 흥미로운 점은 두 그룹의 사람들이 평가를 마친 후 다시 원래 글(즉, 제인의 내향적인 면과 외향적인 면을 모두 묘사한 글)을 읽었을 때도 입장에 변화를 보이기는커녕 자신들의 평가를 더욱 확신하게 되었다는 사실이다.

이러한 현상을 '역화 효과(Backfire Effect)'라고 하는데, 누군가가 자신의 신념과 모순되는 증거나 사실을 제시하더라도 신념이 바뀌지 않고 오히려 기존의 편견이 더욱 강화되는 경향을 가리킨다. 스스로 생각을 바꾸지 않는 한, 아무리 다른 증거를 내밀며 설득해도 다른 사람의 생각을 바꿔놓기 쉽지 않은 이유가 바로 여기에 있다.

예컨대 에드워드가 TV에서 공개적으로 자신이 가짜 영매임을 밝힌 후에도 현장의 방청객 중에는 그의 분장실을 찾아와 여전히 점을 봐달라는 사람들이 있었다. 그들은 에드워드가 진짜 영적 능력을 가졌지만 이를 부정하도록 강요를 받은 것일 뿐이라고 믿었기 때문이다.

데이팅 앱에서 만난 소위 '운명의 상대'에게 평생 모은 돈을 사기당하고도 결정적인 순간 상대가 처벌받길 원치 않는 사람이 나오는 이유도 마찬가지다. 아무리 확실한 증거가 있어도 이를 부정하며 '그(그녀)는 나를 진심으로 사랑하는데, 뭔가 사정이 있어서 그랬을 것'이라 여전히 굳게 믿고 있어서다.

★　★　★

*고장 난 시계도 하루에 두 번은 맞는다.*

출처 미상

GET LUCKY!
CHAPTER 6

## 설탕 옷을 입은 특효약

어쩌면 앞서 언급한 내용 때문에 내가 무당, 역술인, 점성가, 명리학자 등에 부정적 입장을 가지고 있다고 생각할 수도 있겠으나 실은 그렇지 않다. 내겐 명리학자로 일하는 친구도 많고, 나 또한 가끔은 그들에게 조언을 구한다.

나는 그들이 하는 일이 사회적으로도 중요한 가치가 있다고 생각한다. 과거에는 무당과 제사장이 지금의 정신과 의사와 다름없는 역할을 수행했다고 해도 과언이 아니기 때문이다.

어디 그뿐인가? 그들은 단도직입적으로 사람들의 가려운 곳을 긁어주며 직언을 건넨다. 직업적 윤리 규범 때문에 함부로 환자의 문제를 단정하거나, 인생의 조언을 건넬 수 없는 정신과 의사와는 달리 확실히 차별화되는 부분이 있다는 뜻이다. 게다가 신(神)내림이니, 영적 능력이니 하는 요소를 차치하고 다년간 사람을 읽은 경험과 예민한 관찰력만으로도 그들이 제시하는 의견엔 참고할 만한 가치가 있다.

사람들의 이야기에 귀를 기울이고, 지혜로운 조언을 건네고, 이로써 사람들의 마음을 보듬는 일은 그들의 엄연한 직업이다. 그러니 정당하게 일하고 돈을 받는 것은 지극히 당연한 일이다.

그러나 고의로 인간의 약점을 이용해 온갖 기만책으로 상대의 지갑을 터는 무당, 역술인, 점성가, 명리학자라면 얘기가 다르다. 나는 이런 이들을 경멸한다. 이들은 상대가 더 나은 삶을 살 수 있도록 도와주기 위해서가 아니라 상대에게서 더 많은 이익을 얻어낼 목적으로 '천지신명'을 운운하는 사람들이기 때문이다.

나는 다년간 학술연구를 진행하며 스스로 이성적인 사람이 되었다고 자부한다. 하지만 그렇다고 해서 이 세상 점쟁이들의 말이 전부 헛소리라고 단언하진 않는다. 과학이 지속적으로 발전하고 새로운 지식이 낡은 인식을 타파하고 있지만, 세상엔 여전히 과학적으로 설명할 수 없는 많은 일이 있어서다.

그중에서도 다들 한 번쯤은 들어봤을 정도로 사람들에게 친숙하고 또 그만큼 관련 기록도 많지만 여전히 과학적인 해석이 불가능한 대표적 현상이 바로 '플라시보 효과(Placebo Effect)'다.

플라시보 효과란 의사가 환자에게 명약이라며 효과 없는 가짜 약을 줘도 환자의 긍정적인 믿음으로 병세가 호전되는 현상을 말한다. 어떻게 믿음만으로 이런 변화가 가능할 수 있을까? 더 놀라운 사실은 이것이 어쩌다 한 번 생긴 기적이 아니라 상상 이상으로 효과적이었다는 점이다.

명약이라고 믿는 가짜 약을 먹은 후 실제로 40%의 두통 환자가 더 이상 두통을 느끼지 않았고, 50%의 위궤양 및 장염 환자가 눈에 띄는 증상 호전을 보였다. 또한 40%의 난임 환자가 임신에 성공했다.

정도의 차이는 있었지만 거의 모든 종류의 질병에서 플라시보 효과가 나타났으며 알레르기나 천식, 정신질환에는 심지어 진짜 약과 견줄 만한 효과를 보였다.

현대 의학계에서 신약을 심사할 때 반드시 이중맹검법(Double

Blind Testing)을 시행하는 이유도 실은 플라시보 효과 때문이다. 해당 약제의 효과가 플라시보 효과를 뛰어넘는다는 사실이 입증되어야 비로소 진정한 약효를 가진 신약으로 인정하는 것이다.

의학계에는 플라시보 효과에 대한 다양한 해석이 존재한다. 그러나 사실상 플라시보 효과가 왜 그렇게 효과적인지 그 진짜 이유를 아는 사람은 없다. 그저 믿음에 사람을 회복시키는 힘이 있으며, 그 힘이 상상을 초월한다는 사실을 받아들일 뿐이다.

물론 믿음만으로 인생을 살아갈 수는 없다. 아플 때 병원에 가지 않고, 문제가 생겼을 때 이를 외면하는 것은 현실도피에 지나지 않다. 그로 말미암은 해는 결국 우리 자신에게 돌아오게 마련이다. 그렇다고 '긍정의 마인드'와 '희망'과 '의지'의 중요성을 간과해서도 안 되겠지만 말이다.

사실 믿음의 힘은 우리 자신에게서 비롯된다. 다시 말해서 불운을 행운으로 만들고, 이로써 건강하고 즐거운 삶을 영위하는 일은 온전히 우리 손에 달렸다는 얘기다. 이 얼마나 희망찬 일인가!

다만 우리가 주의해야 할 점은 이러한 희망이 곧 힘이 되기에, 공짜인 희망을 팔아넘기려는 사람들이 있다는 사실이다. 혹자는 말할 것이다.

"이 돈을 지불하고, 이 일을 마쳐야만 희망이 생기는 거야."

그러나 그들은 당신의 믿음에 의해 가치가 부여되는 당의(糖衣)를 팔뿐이다. 당신이 그들의 말을 굳게 믿으며 설탕 옷을 입은 가짜 약에 의지하는 순간 그들은 마음껏 값을 부를 수 있게 되는 것이다.

사기란 다른 게 아니다. 당신이 가지고 있던 물건을 가져가 고가의 가격표를 붙인 다음 다시 당신에게 되파는 것, 이것이 바로 사기다.

요컨대 내가 하고 싶은 말은 당신의 신념을 바꾸라는 얘기가 아니다. 당신의 신념이 당신에게 희망과 힘을 주고, 당신을 올바른 방향으로 인도한다면 말이다.

# 자신의 신념을 살펴라

당신에게는 신념을 지킬 권리가 있다.
그러나 그 전에 다음 세 가지 문항에 답해보라.


❶ 신념을 지키기 위한 대가가 너무 비싸지는 않은가? 이 신념을
　 지키기 위해 이미 주머니가 텅 비지는 않았나?
❷ 나의 믿음으로 문제가 거의 해결되었다고 생각했을 때, 마치 연
　 속극처럼 또 다른 문제가 불거져 나오지는 않았나?
❸ 나의 신념이 '그'를 의존할수록 개인의 문제해결력에 대한 믿음
　 은 오히려 사라지고 있지 않은가?


이 중 하나라도 '그렇다'는 답이 나왔다면 속히 믿을 만한 친구를
찾아가 그에게 객관적인 의견을 구하길 추천한다.

# 다시 자신의 인생을 장악하는 방법

더 이상 남에게 속지 않고, 희망의 주도권을 되찾는 방법은 다음과 같다.

## 비판적으로 사고하는 법 배우기

비판적 사고(Critical Thinking)는 현대사회를 살아가는 우리에게 꼭 필요한 능력으로, 전통적 주입식교육에 길든 이들에게는 가장 큰 약점이기도 하다.

비판적 사고를 배워야 하는 이유는 단순히 '비판'을 하기 위해서만이 아니라 논리적으로 추론하고, 정반(正反) 양면을 고려하며, 과학적인 방법으로 증거를 찾기 위해서다. 그러니 공신력 있는 권위자를 찾거나 전문 서적에 실린 정보를 탐구하며 스스로 학습하는 방법을 배워라. 한쪽 말만 듣고 덜컥 그 말을 믿지 말고 정보의 출처를 분명히 하는 것이 중요하다.

## 전반적으로 평가하기

점쟁이는 대부분 '때려 맞추기' 신공을 발휘한다. 애매모호한 이야기들을 잔뜩 늘어놓고 그중에서 몇 가지가 적중하면 이를 내세

위 광고하는 식이다. 소위 '용하다'는 소문을 듣고 점쟁이를 찾아 갔다면 그에게 허락을 구하고 그가 하는 말을 녹음해보라. 그런 다음 그의 말을 하나하나 검증해보는 것이다.

그가 한 예언 중 한두 개만 맞고 나머지 80~90%는 모두 빗나갔다면, 과연 그를 용한 점쟁이라고 할 수 있을까? 생각해보라. 어떤 의사의 진단율이 20%밖에 되지 않는다면 당신은 그 의사에게 치료를 맡기겠는가?

## 변화에 대비하기

마음 편히 살기 위해서는 반드시 보험이 필요하다. 실패가 두렵다면 위험에 대해 제대로 평가하고 물러설 길과 긴급 대책을 마련해두어야 한다. 다시 말해서 논어에 언급된 내용처럼 위험요소(思危)와 퇴로(思退), 그리고 변화(思變)를 미리 생각해야 한다는 뜻이다.

물론 앞만 보고 달려갈 때는 이런 준비를 하는 것이 불필요한 투자처럼 느껴질지도 모른다. 하지만 이는 반드시 필요한 일이다. 시상식에 노미네이트된 후보들이 수상을 대비한 소감과 수상 실패에 대비한 인터뷰 답안을 모두 준비하는 것처럼 말이다. 마땅히 해야 할 준비를 마치면 마음이 한결 편안해짐은 물론이고 내면의 힘을 발휘하는 데도 도움 된다.

## 눈앞에 놓인 일부터 처리하기

내 한 친구는 고민이 있을 때마다 요리한다고 했다. 몸을 움직여 즉각적으로 결과물을 확인할 수 있는 일이어서 그런지 요리할 때는 잠시나마 고민거리에서 벗어날 수 있다면서 말이다. 그런데 사실 본격적으로 공부 또는 일을 시작하기 전에 책상을 정리하는 것도 이와 비슷한 심리에서 비롯된 행동이라고 수 있다. 물론 이러한 행동이 시간 끌기의 수단이라면 문제 되겠지만 그렇지 않다면 개인적으로는 나름의 좋은 습관이라고 생각한다. 어쨌든 정돈된 환경은 학습이나 업무 효율을 높이는 데 도움 되니 말이다.

마찬가지로 자신의 삶이 전반적으로 어느 한 방향으로 치우쳤다고 생각하지만, 도무지 어떻게 해야 중심을 잡을 수 있을지 모르겠을 때는 당장 눈앞에 놓인 일부터 처리하는 것이 좋다. 그렇게 사소한 일부터 하나하나 해나가다 보면 좋은 습관을 기를 수 있고, 나아가 스스로 할 수 있다는 믿음이 쌓여 행운이 가득한 미래를 열 수 있을 테니 말이다.

## 희망의 에너지 키우기

'염력'으로 우리 자신을 바꿀 수 있느냐고 묻는다면 답은 '그렇다!'이다. 간절하면 이루어진다는 말도 있지 않은가! 물론 100% 가능하다고는 할 수 없지만 도움 되는 건 확실하다. 정신 집중(Mental Focus)과 긍정적 바람의 힘은 실로 엄청나기 때문이다. 충분한 준비를 마친 상태에서 승부를 결정짓는 열쇠는 언제나 우리의 마음가짐이다. 이러한 힘을 어떻게 조정하느냐는 온전히 당신의 손에 달렸다. 그러니 절대 남에게 그 통제권을 넘겨주어서는 안 된다.

★ ★ ★

*역경 속에 있는 사람에게 희망은 구세주와 같다.*

메난드로스 Menander

희망은 약 없이도 아픈 사람을 낫게 하고, 약자에게 역전의 기회를 제공하기도 한다.

희망은 운명이라는 고난을 이겨내게 하고, 역경 속에서 살아남게 하며, 사지에서도 기사회생하게 만든다.

희망은 과학적으로 설명할 수는 없지만 굉장한 힘을 지녔다.

그리고 무엇보다도 중요한 사실은 당신의 손에 희망이라는 엄청난 힘이 달려 있다는 것이다. 오직 당신만이 이 무한한 가치를 가진 공짜 힘을 움직일 수 있다. 그러니 다른 사람이 파는 '가짜 희망'에 혹해 비싼 값을 매기고, 그들이 정의하는 희망에 기대는 일은 없도록 해야 한다.

살다 보면 좋은 일도, 나쁜 일도 생기지만 희망의 주도권을 다른 사람에게 넘기는 것만큼 불행한 일은 없다.

희망을 되찾았을 때 상대적으로 가장 안정적인 행복이 찾아오는 법이다!

# 사람들이 쉽게 속임수에
# 속아 넘어가는 이유 3

오, 아이를 돌보느라 힘드시군요!

맞아요! 어떻게 아셨어요?

## 꿰맞추기에 유의하라

남보다 자기 자신을 믿는 게 낫다. 자신의 운명을 남의 손에 맡기지 마라

알 수 없는 인생을
통제하고 있다고
느끼고 싶어 하기 때문에

다른 사람의 입을 통해
자신이 듣고 싶은 말만
듣고 싶어 하기 때문에

자신의 입장에 부합하는
정보만 자동선별하기
때문에

## WHAT CAN WE DO?

**정보의 출처
확인하기**

한쪽 말만 듣고 덜컥 그 말을 믿지 말고
정보의 출처를 분명히 한다

**비판적으로
사고하는 법 배우기**

다양한 의견을 듣고
판단을 내린다

**플랜 B
준비하기**

냉정하게 위험성을 평가하고
물러설 길과 긴급 대책을 마련한다

**희망의 에너지
키우기**

자신감 있는 태도와 마음가짐이 일의 성패를
좌우하므로 절대 남에게 희망을 맡기지 않는다

**당장 할 수 있는
일부터 처리하기**

작은 일부터 하나하나 처리해
자신감과 통제감을 높인다

# PART 3

## 소인으로 말미암은
## 불행 피하는 법

GET LUCKY!

# 소인 생존론

당신은 사람들에게 자주 뒤통수를 맞는 편인가?

그렇다면 이 장이 당신에게 큰 도움이 될 것이다. 소인을 피하는 방법은 물론 자신이 속한 환경을 평가하고, 변화시키는 방법에 대한 조언이 담겨 있어 소인을 만날 확률을 줄일 수 있을 테니 말이다.

솔직히 소인을 막기란 보통 어려운 일이 아니다. 자신의 본모습을 숨기는 데 워낙 능할 뿐만 아니라 수법 또한 다양하기 때문이다.

일단 본격적으로 이야기를 시작하기에 앞서 '소인'이란 어떤 사람을 일컫는지부터 정의할 필요가 있다.

'군자'와 '소인'에 대해 자주 비교했던 공자의 《논어》를 살펴보자.

군자는 도의에 밝고, 소인은 이익에 밝다.

(君子喩於義, 小人喩於利)


군자는 마음이 평온하고 여유롭지만,

소인은 항상 불평불만이 많으며 마음에 근심 걱정이 쌓여 있다.

(君子坦蕩蕩, 小人長戚戚)


군자는 자기 자신에게 엄격하고,

소인은 남에게만 엄격한 잣대를 들이댄다.

(君子求諸己, 小人求諸人)


군자는 다른 사람이 나쁜 일을 하지 않고,

미덕을 행할 수 있도록 돕지만 소인은 이와 반대다.

(君子成人之美, 不成人之惡, 小人反是)


군자는 개인의 다름을 존중하면서도 조화를 이루지만,

소인은 동화되어 보일 뿐 화합하지 않는다.

(君子和而不同, 小人同而不和)


　이렇듯 공자는 '군자'를 최고의 도덕적 본보기이자 '인(仁), 의(義), 예(禮), 지(知), 신(信)'이라는 미덕의 상징으로 간주했다. 반면

'소인'은 배은망덕하고 지혜롭지 못한 자, 신용을 지키지 않는 자, 처세에 능하지 못한 자로 보았다.

그런데 이쯤에서 우리가 알아야 할 한 가지가 있다. 바로 세상엔 100% 완벽한 군자도, 또 100% 옹졸한 소인도 없다는 사실이다.

상황에 따라 군자도 소인이 될 수 있고, 소인도 군자가 될 수 있다.

# 대자연에서 소인 찾기

★　★　★

*필요는 발명의 어머니다.*

*서양 속담*

두견은 꽃의 일종이자 새의 일종이기도 하다. 우리가 가장 흔히 볼 수 있는 두견새는 바로 속칭 '뻐꾸기(Common Cuckoo)'다. 여름 이면 '뻐꾹!' 하고 우는 바로 그 친숙한 새 말이다.

그런데 알고 있는가? 그 귀여운 뻐꾸기가 바로 조류계에서 내로 라하는 '소인'이라는 사실을 말이다. 뻐꾸기는 스스로 집을 짓지 않고 남의 둥지에 몰래 알을 낳는다. 수컷 뻐꾸기가 망을 보며 연 막작전으로 다른 새의 주의를 끄는 동안 암컷 뻐꾸기가 몰래 남의 둥지에 침입해 다른 새의 알 틈에 자신의 알을 낳는다. 이러한 사 실을 모르는 둥지 주인은 알의 개수가 늘어난 것도 모른 채 자신 의 새끼들과 함께 뻐꾸기의 알을 품어 부화시키고, 제 자식처럼 먹이를 물어다 준다. 그러나 진짜 비극은 이다음부터다. 갓 태어 난 새끼 뻐꾸기가 먹이를 빼앗아 먹는 것은 물론이고 다른 새끼 새를 둥지 밖으로 밀어내 죽음으로 내몰기 때문이다.

그야말로 남의 둥지를 차지하는 것이다!

한편 편충은 뻐꾸기보다 더 무섭다. 그들은 달팽이의 몸속에서 기생하며, 성충이 된 후에는 달팽이의 행동까지 지배한다. 평소 조용히 숨어 지내는 달팽이를 자신도 모르게 나무 끝까지 기어오르게 만드는 것이다. 그런 다음 편충은 달팽이의 안병으로 파고들어가 송충이처럼 안병을 퉁퉁 붓게 만든다. 마치 "나 여기 있어! 날 잡아먹어!"라고 새들을 유인하듯 말이다. 이렇게 숙주가 새의 먹이가 되면 편충은 새의 장 속에서 번식해 새의 배설물을 통해 다시 자연으로 돌아가 더 많은 달팽이를 좀비로 만들 준비에 돌입한다.

정말 놀랍지 않은가! 그런데 우리는 과연 뻐꾸기와 편충을 '사악'하다고 말할 수 있을까?

그들의 행동이 잔인하기는 하지만 독특한 생존방식이라고 볼 수밖에 없을 것이다.

요컨대 생존과 번식, 그리고 자기보호를 위해 별의별 방식을 동원하는 자연계나 우리가 살고 있는 인간 사회나 별반 다를 바가 없다.

다른 새에게 '탁란'을 하는 뻐꾸기처럼 사고를 쳐놓고 남에게 뒷수습을 떠넘기면서도 뻔뻔스럽게 공을 가로채는 직장 내 얌체가 있는가 하면, 달팽이에게 기생하는 편충처럼 친구를 보증인으로 세워놓고 결국 친구의 집안을 패가망신하게 만드는 사람도 있다.

모진 대자연 속에서 동식물들이 온갖 희한한 생존방식을 찾아가듯 우리 사회의 소인들 역시 환경에 따라 다양한 생존법을 고안해낸다. 인간은 자신이 위협을 받고 있다고 느끼면 그게 진짜든 아니든 상관없이 무슨 수를 써서라도 반드시 적을 이기려 하기 때문이다. 물론 소인의 수법에 걸려들었다면 뼈에 사무치도록 그들이 미울 것이다. 그러나 그들에게도 나름의 이유는 있다. 영화 속 암흑가의 인물이 누군가를 처치하기 전 "이게 우리 세계의 룰이다!"라고 말하는 것처럼 말이다.

소인이 당신을 타깃으로 삼았다고 생각하는가? 사실 소인은 오로지 자신만을 신경 쓰고 있을 뿐이다.

GET LUCKY!
CHAPTER 7

# 기본적 귀인 오류

회사에서는 불같이 화만 내는 대표가 집에서는 다정다감한 남편이자 자상한 아버지일 수 있으며, 매사 부모의 뜻에 엇나가는 반항적인 청소년이 다른 어른들에게는 예의 바른 학생일 수 있다. 또한 친구에 대한 유언비어를 날조하고, 소문을 퍼뜨리길 좋아하는 사람이 교회에서는 그 누구보다 열성적인 봉사자일 수 있다.

사실 인간은 자신이 처한 환경에 따라 다른 면모를 드러내며 환경과 역할에 따라 행동을 달리한다.

문제는 일반적으로 우리가 이렇게 세상을 바라보지 않는다는 데 있다. 우리는 흔히 한 가지 일로 사람을 판단하며 일의 전후 사정과 환경적 영향을 간과한다.

심리학에서는 이를 '기본적 귀인 오류(Fundamental Attribution Error)'라고 하는데, 이는 많은 오해와 갈등을 빚어내는 인간의 주요 맹점이기도 하다.

소인을 막으려면 반드시 기본적 귀인 오류에서 벗어나 주변 환경과 상황에 초점을 맞추고 그에 따라 인간의 행동을 이해하려는 노력이 필요하다.

요컨대 소인에 대해 우리가 마땅히 자문해봐야 할 문제는 두 가지다.

◆ 어떤 환경과 상황에서 사람은 이기적이고, 어리석어지며, 소신과 양심을 저버리는가?
◆ 어떤 환경과 상황에서 사람은 거짓말을 하고, 부조리를 행하며, 배신과 음모와 집단 괴롭힘을 일삼는가?

소인을 상대하려면 그들이 속한 환경과 그들의 생존 법칙을 이해해야 한다. 그럼 소인의 행동을 부추기는 다섯 가지 환경과 이러한 환경에 대처하는 방법에 대해 분석해보자.

# 주변에 항상 소인이 넘치는 이유 1

## 소인의 생존법

인은 언제나 자기 자신만의 생존을 생각할 뿐이다!
혀를 내두를 만큼 놀라운 자연계의 얌체족

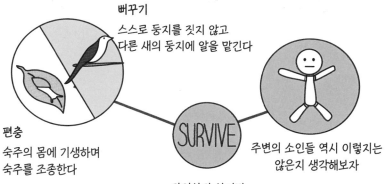

**뻐꾸기**
스스로 둥지를 짓지 않고
다른 새의 둥지에 알을 맡긴다

**편충**
숙주의 몸에 기생하며
숙주를 조종한다

**SURVIVE**

잔인하긴 하지만
모두 생존을 위한 행동이다

주변의 소인들 역시 이렇지는
않은지 생각해보자

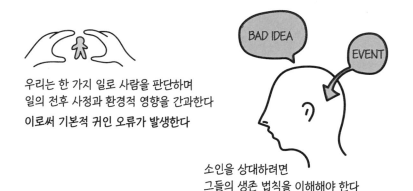

우리는 한 가지 일로 사람을 판단하며
일의 전후 사정과 환경적 영향을 간과한다
**이로써 기본적 귀인 오류가 발생한다**

BAD IDEA

EVENT

소인을 상대하려면
그들의 생존 법칙을 이해해야 한다

# 소인의 온상이 되는 환경 1

　우선 다뤄볼 소인의 온상이 되는 환경은 두 가지다. 첫 번째는 '동화되어야 한다는 압박이 심한 환경' 그리고 두 번째는 '보이지 않는 경쟁이 벌어지는 환경'이다.

# 1. 동화되어야 한다는 압박이 심한 환경

**고위험군**
- 학교(특히 중·고등학교)
- 전통적 중소기업
- 동아리
- 스포츠팀
- 교회
- 정당

**이런 환경에서 두드러지는 소인의 행동적 특징**
- 집단 괴롭힘과 싸움
- 다른 사람을 배신해서라도 자신의 가치를 드러내려 함
- 정의에 대해 선택적으로 침묵함
- 옳고 그름을 왜곡함
- 집단 범법행위

# 소인의 생존 심리:
## 외롭게 혼자인 것보다 모두와 함께하는 게 안전하지

단결을 중시하는 조직에서는 동화되어야 한다는 압박이 클 수밖에 없다. 말 그대로 응집력과 획일성을 중시하기 때문에 다른 사람과 어울리지 못하거나 다른 의견을 가졌다는 사실 자체가 큰 스트레스이기 때문이다.

이러한 환경은 집단사고(Groupthink)를 불러일으키기 쉽다.

집단사고란 간단히 말해서 '모두가 잘못된 결정을 내리지만 누구 하나 이에 대해 토를 달 엄두를 내지 못하는 상태'라고 할 수 있는데, 이를 증명해준 유명한 실험이 있다.

이 실험은 여덟 명을 한 팀으로 나눠 총 18개의 문항에 돌아가며 답을 하는 형식으로 진행되었다. 그러나 이 중에서 진짜 피실험 대상은 마지막 한 명 뿐이었다. 다른 일곱 명은 실험자와 미리 말을 맞춘 실험 도우미인 셈이었다.

실험을 시작하고 처음엔 모두 정답을 이야기했다. 그러나 몇 번의 문답이 오간 후부터 '도우미'들은 오답을 말하기 시작했다. 위의 문제를 예로 들면 일곱 명의 사람들이 전부 'A'라고 답한 것이다.

물론 이는 딱 봐도 틀린 답이었다. 그런데 이러한 상황을 알 리

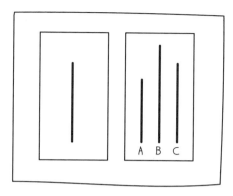

오른쪽 그림 중 왼쪽 선과 길이가 같은 것은 무엇인가?

정답은 C다.

이는 전혀 어려운 문제가 아니다. 하지만 집단의 압력 속에 사람들은 어떤 답을 내놓았는지 살펴보자.


없는 피실험자의 차례가 돌아왔을 때 그들은 정답을 얘기했을까? 아니면 다른 일곱 사람을 따라 오답이 분명한 답을 말했을까?

실험 결과 처음부터 끝까지 자신의 생각대로 답을 말한 사람은 4명당 1명뿐이었다. 나머지는 다수의 영향을 받아 최소 한 번은 틀린 답을 내놓았으며, 피실험자의 5%는 모든 문제에 다수를 따라 오답을 얘기했다.

눈에 문제가 있는 게 아니고서야 틀릴 수 없는 문제인데, 그렇게나 많은 사람이 두 눈을 멀쩡히 뜨고도 오답을 말했다니 정말 놀랍지 않은가!

그런데 더 놀라운 사실은 1951년에 최초로 실험을 진행했을 때나 최근 다시 실험을 진행했을 때 그 결과에 별반 차이가 없었다는 점이다. 최근 심리학자 2명이 실험을 진행해 그 과정을 비디오로 촬영한 결과 2/3의 사람이 다수의 의견을 따라 틀린 답을 내놓았기 때문이다. 그것도 연령, 성별, 인종에 상관없이 말이다.

요컨대 대다수 사람이 동화되어야 한다는 압박 속에서 자신의 의견을 억누른 채 대중의 의견을 따랐으며, 이런 상황에서도 자신의 의견을 견지하는 사람은 소수에 불과했다.

GET LUCKY!
CHAPTER 8

# 누군가가 당신을 배신한다면?

"회사에 다니면서 꽤 오랫동안 기획해보고 싶은 프로젝트가 있었는데, 다행히 상사 한 분이 제 아이디어를 알아봐주시고는 프로젝트를 기획해 보라고 하셨어요. 회의 때 저를 팍팍 밀어주시겠다면서요. 그런데 웬걸요. 회의 때 제 제안을 듣고 이사장님이 눈썹을 한 번 찌푸리니까 그때부터 거의 융단폭격이 날아들더라고요. 다른 사람들이야 그렇다 쳐도 제게 힘을 실어주겠다던 그 상사까지 제 아이디어가 유치하다며 몰아붙이는데 화가 나서 눈물이 다 나더라고요! 정말 이런 곳에서는 더 이상 못 버티겠다 싶어서 그날 사직서 썼다니까요."

이 가엾은 직원 A는 분명 상사에게 배신당했다는 생각에 이렇게 분통이 터졌을 것이다. 그러나 어쩌면 그 상사는 이렇게 생각했을지도 모를 일이다.

'자넨 어쩜 그렇게 바보 같나? 뒤통수를 맞아도 싸지, 싸!'

믿었던 상사에게 배신당한 직원 A의 사정은 안타깝지만 사실 그에게는 두 가지 패착이 있다. 그것은 첫째, 상사를 과대평가했다는 점, 둘째, 단체의식이 강할수록 남들과 같아져야 한다는 압박이 커진다는 사실을 간과했다는 점이다. 인간은 때로 다수의 목소리 앞에 자신의 목소리를 억누르고, 심지어 다수를 따라 시비(是非)를 왜곡하기도 한다. 남과 다른 의견을 내는 데는 엄청난 용기와 그 이상의 지지가 필요하기 때문이다.

당신이 획일성과 단결력을 중시하는 환경에 속해 있다면 결정적인 순간 자신을 지지해주기로 했던 누군가가 갑자기 뒷걸음을 치는 것도 모자라 말까지 바꿀 수 있음을 염두에 두어야 한다. 그리고 그런 일이 정말로 벌어졌을 때, 상대에게 화를 내봐야 자신에게 득 될 것이 없다는 사실도 알아두어야 한다. 왜? 그들은 오히려 눈에 쌍심지를 켜고 당신의 입장에 반기를 들이댈 테니 말이다.

그렇다면 과연 집단의 압력에 더 쉽게 굴복하는 사람은 어떤 인물일까?

- 다른 사람의 시선과 평가에 매우 신경을 쓰는 사람
- 많은 이의 지지가 필요한 지위에 있는 사람
- 아웃사이더지만 남들이 자신을 받아주길 갈망하는 사람
- 사람들이 무슨 말을 하든지 무조건 동의하는 사람

이런 특징을 가진 사람들이라면 일단 조심하는 게 좋다. 당신을 해칠 뜻은 없더라도 '당신'과 '단체' 사이에서 굳이 한쪽을 선택해야만 하는 상황이 닥친다면 그들은 '단체'의 편에 설 가능성이 다분하기 때문이다.

★　★　★

*순응의 장점은 당신 자신을 제외한 모든 사람이*
*당신을 좋아하게 될 것이라는 데 있다.*

리타 메이 브라운 *Rita Mae Brown*

GET LUCKY!
CHAPTER 8

# 고도로 동질화된 환경에 대처하는 법

'모난 정이 돌 맞는다.'

이는 집단압력의 위력을 보여주는 말이다. 실제로 사람들은 모난 정이 되지 않기 위해 자기 자신을 가장하고, 마음속의 생각을 억누르는 법을 배운다. 사람들과 어울리기 위해 때로는 침묵을 선택하고, 때로는 집단 따돌림에 가담하기도 하며, 또 때로는 타인을 배신하는 방법으로 집단에 충성을 드러내기도 한다.

그렇다면 이런 집단압력에 대항하는 방법은 없을까? 이 질문에 대한 답의 단서는 한 심리실험에서 찾을 수 있었다.

그 실험은 바로 앞에서도 언급했던 '길이가 같은 선이 무엇인지를 묻는 실험'이었다. 기억할지 모르겠지만 이 실험에서 10명 중 7명이 '도우미'의 영향을 받아 누가 봐도 틀린 답을 내놓았다. 그런데 이 실험에서 단 하나의 조건을 변경하자 놀랍게도 180도 다른 결과가 나왔다.

다른 도우미들이 모두 같은 오답을 말하는 상황에서 한 명의 도우미가 "잘 모르겠다"라는 답을 내놓자 거의 100%에 달하는 피실험자들이 올바른 답을 선택한 것이다.

피실험자에게 말로 하지 말고 종이에 답을 적어내라고 했을 때도 결과는 달라졌다. 자신이 뭐라고 답했는지 남들은 모르는 상황이 되자 모든 피실험자는 자신의 판단대로 정답을 선택했다.

그렇다. 집단사고에 대항하기 위해서는 의문을 제기할 수 있는 여지와 개인적인 발언 기회가 꼭 필요하다.

# 의문을 제기할 수 있는 여지를 만들라

사실대로 말하고 싶은데 다른 사람들로부터 공격받을까 봐 두렵다면 자신의 소통방식에 특히 주의를 기울여야 한다.

먼저 잘못된 예시 짚고 넘어가 보자.

"나는 그가 맞는 것 같아."

용감하게 자신의 의견을 말하는 것은 좋지만, 이 말에는 '너희 모두 틀린 것 같은데!'라는 의미가 있어 사람들로부터 공격받을 소지가 다분하다.

"누가 봐도 그잖아. 다들 눈이 어떻게 된 거야?"

이런 식의 과격한 표현도 마찬가지다. 단번에 사람들의 주의를 집중시킬 수 있겠지만 분명 비난을 면치 못할 것이다. 아무리 자신의 말이 100% 옳다고 해도 이런 식의 표현은 위험하다.

남과 다른 의견을 말할 때는 다음과 같이 표현하는 게 비교적 안전하다.

"미안하지만 내가 제대로 이해를 못 한 것 같은데, 혹시 그도 맞는 거 아니야?"

의문을 제기하는 동시에 다른 사람의 의견을 직접적으로 부정하지 않는 방식이기 때문이다. 여기서 포인트는 '혹시'와 '~도'이다.

한편 적절한 조소도 도전적 의미를 어느 정도 상쇄시킨다.

"하, 내가 이렇게 항상 반박자씩 느리다니까. 혹시 왜 그렇게 해야 하는지 설명해줄 수 있을까?"

"세상에, 나 눈이 어떻게 됐나 봐! 왜 아무리 봐도 A가 더 긴 것 같지?"

"좀 바보 같은 질문이 있는데 해도 돼?"

예의 바르지만 자조 섞인 말로 문제를 제기하면 상대는 당신을 직접적으로 공격할 수 없게 된다. 상황을 봐서 그들에게 자신의 관점을 설명해달라고 부탁하는 것도 좋은 방법이다. 집단사고에 빠진 상태에서 설명하다 보면 모순이 더 잘 드러나기 때문이다. 어쩌면 상대가 설명하다가 말문이 막힐지도 모를 일이다.

하지만 그렇다고 절대 득의양양해서는 안 된다! 저자세를 유지해야 상대도 "사실 우리도 100% 정확하지는 않아" 혹은 "어쩌면 네 생각에도 일리가 있겠다"라며 한발 물러설 것이다.

이렇게 되면 실험 중 '도우미' 한 명이 "잘 모르겠다"라고 말했을 때처럼 침묵을 지키려던 누군가에게 의견을 표출할 기회를 활짝 열어줄 수 있다.

누군가가 "정말 모르는 거야, 모르는 척하는 거야?"라고 묻는다면 '개인적 경험'을 들어 이렇게 답하라.

"개인적 경험이 달라서인지 나는 왜 이렇게 해야 하는지 잘 이해가 안 되네."

가능한 한 '나의 생각'이 달라서가 아니라 '나의 경험'이 달라서라고 이유를 드는 것이다. 요컨대 감정의 개입을 배제하고 사실만을 이야기하되, 개인적 경험과 예시를 활용해 자신의 입장을 설명하면서 냉정하고 이성적으로 의문을 제기해야 한다.

GET LUCKY!
CHAPTER 8

# 개인보다 집단을 우선하라

적의를 불러일으키지 않으려면 소통할 때는 언제나 집단을 최우선에 두고, 자신의 의견이 왜 모두에게 이로운지를 설명할 필요가 있다.

이는 상당히 중요한 기술이다. 당신이 모두를 위하고 있다는 사실을 드러내면 집단의 구성원들도 당신을 공격하기 어려워질 테니 말이다.

"저 역시 모두와 마찬가지로 비용을 줄이면서 빠르게 일을 마무리할 수 있길 바랍니다. 어쩌면 다른 방법을 통해 원가는 좀 더 절감하되 후환도 피할 수 있지 않을까요?"

어떤 결정에 따른 '득'과 '실'을 언급하면 설득력이 배가된다. 배척당하는 누군가를 위해 인정에 호소하는 경우에도 마찬가지다. 모두가 벌 떼처럼 죽어라 달려들 때, 무작정 '멈춰'를 외쳐서는 안 된다. 먼저 공통된 입장에서 시작해 다시 순차적으로 자신의 의견을 제시하는 것이 좋다.

"그가 그런 행동을 한 건 잘못이라고 생각해. 우리의 규칙을 어겼으니 다들 그가 못마땅할 거야! 그런데 냉정하게 생각해보자. 지금 이렇게 그를 배제한다면 앞으로 더 골치 아픈 일이 생길 거야. 모두를 위해 어쩌면 다른 방법을 생각해볼 수도 있지 않을까?"

집단사고는 사납지만 어리석은 맹수다. 이 맹수의 털 속에 숨어 있는 벼룩을 자극하지 않으려면 절대로 털을 쓰다듬어야 한다.

GET LUCKY!
CHAPTER 8

# 동질화의 압력을 개선하라

여러 집단 중에서도 회사라면 특히 동질화의 압력에 주의해야 한다. 동질화의 압력은 혁신과 임기응변 능력을 떨어뜨릴 뿐만 아니라 인재의 발전까지 제한할 수 있기 때문이다. 그런 의미에서 지금 하는 조언들은 회사의 대표나 팀장이 특히 눈여겨보았으면 한다.

## 누구나 자유롭게 의견을 제시할 수 있도록
## 비밀과 안전을 보장하라

개인 의견을 제시할 수 있는 환경이 만들어지면 사람들은 진실을 말할 용기를 낸다. 어떤 논의가 한 방향으로 치우치기 시작했다면 잠시 쉬어 가는 시간을 갖는 것도 한 방법이다. 대세를 따라야 한다는 압박에서 잠시 벗어나 개인적으로 의견을 제시할 기회를 제공하되, 발언자가 자신의 생각을 말해도 피해를 보지 않는다는 확신을 가질 수 있도록 비밀을 보장해야 한다.

## 사실에 입각한 토론을 독려하라

사실에 입각해 이해득실을 따져야 한다는 사실은 누구나 다 알고 있지만, 막상 이야기가 시작되면 흥분을 억누르지 못하고 쉽게 폭주해버리는 게 사람이다. 그러나 부정적인 언사와 인신공격을 피하려면 반드시 냉정하고 이성적인 태도를 유지해야 한다. 모두의 공감대를 강조하며, 의제를 승패가 분명한 변론 대상이 아닌 모두가 함께 해결해야 할 문제로 삼는 것이 중요하다.

## 단결을 전제로 상호 존중을 요구하라

누군가가 일부러 사람들을 선동하려 한다면 일단 응원단을 자처해 호감을 높인 다음 '모두 한배를 타고 함께 나아가야 하는 처지인 만큼 서로를 공격해서는 안 된다!'는 사실을 강조하는 방법으로 위기를 타개할 수 있다. 단결을 원칙으로 구성원들 간에 서로 존중해달라고 요청한 후 다시 의견을 발표할 수 있게 기회를 제공하는 것이다.

★　★　★

*인생의 목적은 다수의 편에 서는 것이 아니라*
*미치광이와 한 팀이 되지 않도록 하는 데 있다.*

마르쿠스 아우렐리우스 *Marcus Aurelius*

## 2. 보이지 않는 경쟁이 벌어지는 환경

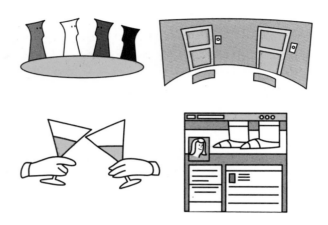

**고위험군**
- 동창회
- 주변 이웃
- 사교 모임
- SNS

**이런 환경에서 두드러지는 소인의 행동적 특징**
- 헛소문을 퍼뜨림
- 친구의 뒤통수를 침
- 거짓말로 자신을 추켜세우고, 허세를 부리며 공공연히 사기를 침
- 소그룹을 만들어 서로를 배척하며 음모를 꾸밈
- 악성 경쟁을 일삼음

# 소인의 생존 심리
## 가진 게 많아야 체면이 서고, 체면이 서야 친구가 생기고, 친구가 있어야 가진 게 많아지는 거야!

사람에겐 누구나 비교심리가 있다. 이는 지극히 정상적인 일이다. 규칙이 공정하고, 과정이 투명하기만 하다면 경쟁은 좋은 것이다. 예컨대 좋은 기록을 내기 위해 공정하게 경쟁하며 선수들의 스포츠 정신을 보여주는 여러 경기처럼 말이다.

그러나 동창회처럼 기준이 불투명하거나 규칙이 공정하지 못할 때, 인간의 비교심리는 한층 복잡해진다.

실제로 동창회에 참석했을 때 나는 그 차이를 분명하게 느꼈다. 좋은 직장에 다니며 고액의 연봉을 받는 친구들은 의기양양했고, 그렇지 못한 친구들은 기가 죽어 보였다. 모두가 겉으로는 즐거운 척 하하, 호호 웃고 있었지만 몇몇 친구의 미소는 억지스럽다는 느낌을 지울 수 없었다.

사회심리학자 레온 페스팅거(Leon Festinger)는 '사회비교이론(Social Comparison Theory)'을 통해 이렇게 말했다.

'우리와 가까운 사람을 만날수록 우리의 비교심리는 더욱 강해

진다.'

우리는 빌 게이츠와 재력을 비교하거나 스티븐 호킹과 똑똑함을 비교하지 않는다. 우리가 자연스럽게 마음속 경쟁 상대로 삼는 이들은 우리와 같은 시대에 태어나 같은 환경에서 성장하고, 같은 학교를 졸업한 사람들이다.

문제는 '어떤 기준으로 비교하느냐?'다. 생각해보라. 남들과 연봉을 비교하는데, 동창이 당신보다 더 많은 돈을 번다면 그 기분이 어떻겠는가?

프랑스 파리 경제대학원에서 유럽 24개국 19,000명을 대상으로 설문조사를 펼친 결과, 친구나 동료와 연봉을 비교하길 좋아하는 사람은 보편적으로 행복감이 떨어지는 것으로 나타났다. 또한 동료가 자신보다 더 많은 연봉을 받는다는 사실을 깨달았을 때 사람들은 실망감을 느꼈으며, 그 비교 대상이 친구일 경우에는 고통지수가 배가 되었다.

자신이 남보다 못하다고 느낄 때 우리는 자존심에 상처를 입으며, 이 상처는 우리에게 불편함을 안겨준다. 이러한 불편함을 바로 '질투심'이라고 한다. 질투심은 그 자체만으로도 괴로운 감정이기에 우리는 '심리적 방어기제'를 작동시켜 다음과 같은 몇 가지 방법으로 자기 보호에 나선다.

그런데 우리 자신에게나 다른 사람에게나 경계해야 할 감정 반

|  | 긍정 | 부정 |
|---|---|---|
| 능동 | 상대를 본보기로 삼아 자신을 격려한다.<br>"조금만 더 노력하면 2년 후에는 나도 그와 같은 레벨이 될 수 있을 거야!" | 보복심리로 어떻게든 상대를 깎아내린다.<br>"오만방자한 얼굴을 보고 있자니 속이 다 뒤틀리는군! 반드시 패배감을 맛보게 해주겠어!" |
| 수동 | 합리적인 이유를 찾아 자신을 위로한다.<br>"나보다 경력도 많은 데다 글로벌 기업에서 일하니 월급을 많이 받는 게 당연하지." | 상대의 부족한 점을 찾아 자신을 위로한다.<br>"나보다 많이 벌긴 하지만 근무시간이 너무 길어서 나처럼 자유롭지 않잖아!" |

응은 부정적인 반응, 그중에서도 특히 '능동과 부정이 섞인' 반응이다. '긍정적이고 투명한' 환경에서 비교한다면 긍정적인 감정 반응이 일어날 거라고 생각하겠지만, 사실 꼭 그렇지만은 않다.

여기에는 자신이 현재 속한 환경이 공개적인 경쟁을 허락하느냐가 관건으로 작용한다.

경기를 할 때 선수들은 큰소리로 기합을 넣기도 하고, 생각처럼 경기가 풀리지 않을 때는 불만족스러운 표정을 드러낼 수도 있다. 감정을 주체하지 못해 규칙을 어기지만 않는다면 다소 위협적인 표정으로 경기에 출전하는 것을 독려하는 코치도 있다.

생각해보라. 코치가 선수에게 항상 미소 띤 얼굴을 유지하라고 주문한다면 어떨까? 상대에게 실점을 하고도 "와, 대단하시네요!"라며 상대에게 축하를 건네라고 한다면 이상하지 않겠는가?

문제는 우리의 일상생활에서 이렇게 이상한 비밀 경기가 늘 벌어지고 있다는 점이다. 서로가 서로를 비교하며 억지 미소를 짓는 그런 경기가 말이다.

예컨대 중국계 미국인 부모 중에는 자신의 아이를 다른 집 아이와 비교하길 좋아하는 사람이 많다. 그들은 아이가 어떤 대학에 합격했는지, 어떤 일을 하는지, 얼마를 버는지 등을 늘 비교한다. 심지어 어떤 부모는 아이의 면전에 대놓고 이런 말을 하기도 한다.

"걔는 공부도 그렇게 잘하는데 피아노도 매일 두 시간씩 연습한대! 그런데 넌 놀 줄만 말고, 부끄럽지도 않니?"

그들은 이렇게 아이의 얼굴에 침을 뱉는 행동이나 다름없는 심한 말을 해놓고 여기서 한술 더 떠 아이에게 예의 바른 행동까지 주문한다.

최근 미국에서 이런 신문 기사가 난 적이 있다. 한 한국인 여학생이 하버드대학교와 스탠퍼드대학교에 동시 합격했는데, 우수한 학생을 놓치고 싶어 하지 않은 두 학교 측에서 파격적으로 동시 입학을 제안해 두 대학을 각각 2년씩 다닐 수 있게 되었다는 내용이었다. 이 소식은 한국에까지 알려졌고, 사람들은 그녀를 '천재 소녀(Genius Girl)'라 일컬었다.

하지만 얼마 지나지 않아 하버드대학교와 스탠퍼드대학교 입학처에서 본교의 입학처에서는 이러한 사실을 전혀 알지 못하며, 해당 학생이 합격한 사실도 없다는 공식 입장을 내놓았다. '천재 소녀'가 자랑했던 합격증은 모두 위조된 것으로 모든 게 다 거짓말이었던 거다!

미국 언론에서 주목한 바와 같이 자녀에 대한 아시아계 부모의 지나친 기대와 비교심리가 불러온 안타까운 촌극이 아닐 수 없었다.

이후 해당 학생의 부모는 "아이가 진학 문제로 극심한 스트레스와 고통을 받고 있는 줄도 모르고 오히려 그 고통을 가중시켰다고 생각하니 정말 죄책감이 든다"며 공개 사과문을 발표했다.

물론 이는 극단적인 예에 속한다. 하지만 부모의 비교 속에서 아이가 큰 스트레스를 받는다는 건 명백한 사실이다.

GET LUCKY!
CHAPTER 8

## 비교는 분노를 부른다

요즘은 동창들 사이에서뿐만 아니라 인터넷상에서도 서로를 비교한다.

그런데 최근 발표된 여러 학술연구 결과에 따르면 SNS를 사용할수록 행복지수가 낮아지며, 매일 페이스북에 접속하는 것만으로도 기분이 현격하게 가라앉을 수 있는 것으로 나타났다.

왜일까? SNS를 통해 우리는 친구들의 근황을 확인할 수 있게 되었다. 그러나 사람들이 남들과 공유하는 일상은 보통 삶의 좋은 단면뿐이다. 쉽게 말해서 페이스북에서 보는 사람들의 모습은 하나같이 '있어 보인다'는 뜻이다. SNS에는 친구의 빛나는 모습뿐, 걱정거리는 찾아볼 수 없다. 그러다 보니 남들이 나보다 더 잘살고 있다는 생각을 가질 수밖에 없고, 그들의 게시물에 '좋아요'를 누르면서 한편으론 자신의 초라한 모습에 우울감을 느끼게 되는 것이다. 한마디로 SNS는 눈에 보이지 않는 경쟁으로 가득하지만 서로에게 '엄지척'을 날릴 수밖에 없는, 영원히 끝나지 않는 동창회인 셈이다.

물론 SNS를 사용하는 것이 사람을 더욱 행복하게 만든다는 연구 결과도 있는데, 그 차이는 이용 방법에서 비롯한다고 해도 과언이 아니다. SNS상에서 다른 사용자와 상호작용을 하는 경우(예컨대 상대에게 댓글을 달거나 다이렉트 메시지 등을 주고받는 경우), 사용자들은 대체로 즐거움을 느꼈다. 그러나 이러한 상호작용 없이 그저 수동적으로 '눈팅'만 하는 경우, 즐거움은 빠르게 사라졌다.

요컨대 사람은 누구나 비교한다. 그렇기에 경쟁을 두려워할 필요는 없다. 다만 사사건건 비교하며 경쟁하고 있는 게 분명한데도 그러지 않은 척하는 환경에서는 주의를 기울일 필요가 있다.

공개적인 경쟁에서는 상대와 정정당당하게 겨룰 수 있지만, 무대 위의 동료가 무대 아래의 경쟁 상대가 될 때는 얘기가 달라진다!

★  ★  ★

*당신을 질투하는 사람을 미워하지 말고, 그들의 질투를 존중하라.*
*그들의 질투는 당신이 자신보다 더 낫다는 생각에서*
*비롯된 것이니 말이다.*

*출처 미상*

GET LUCKY!
CHAPTER 8

## 보이지 않는 경쟁이 벌어지는
## 환경에 대처하는 법

비교심리를 가지면 가상의 적을 만들기 쉽다. 질투심이 강한 소인은 흔히 이런 생각을 한다.

'하늘은 공평하다던데 왜 유독 나한테만 불공평한 거야.'
'내 앞에서 대놓고 자랑하다니, 나 창피하라고 저러는 거지?'
'남들이 날 얕보는 게 제일 싫어!'

이런 사람들의 레이더에 걸리면 억울한 일이 많아진다. 당신은 상대를 친구라고 생각해도, 상대는 당신을 눈엣가시로 여길 테니 말이다. 그는 자신에 대한 열등감에 당신의 선의도 적의로 받아들일 것이다. 따라서 보이지 않는 경쟁이 벌어지는 환경에 속해 있다면 다음과 같은 행동은 금물이다.

- 자신의 힘을 과시하는 행동(소인은 이를 인정하지 않을 것이다)
- 다른 사람을 비판하는 방법으로 자신의 지위를 공고히 하는 행동 (소인은 당신의 말을 꼬투리 잡을 것이다)
- 고고한 자태를 드러내 보이는 행동(소인은 당신을 오만하다고 생각할 것이다)
- 일부러 친해지려고 하는 행동(소인은 당신과 가까워졌다는 생각에 더 강한 경쟁의식을 갖게 될 것이다)
- 자신을 낮추고 상대를 높이는 행동(자칫하면 상대에게 위선적인 사람이라는 생각을 심어줄 뿐이다)
- 아무렇지 않다는 표정(당신이 정말 아무 욕심이 없다고 해도 남들은 당신과의 경쟁을 포기하지 않는다)

**하지만 이렇게 할 수는 있다.**

- 자신이 치렀던 대가를 언급한다("창업 초기에는 정말 오로지 창업만

생각하다 건강도 잃고 하마터면 죽을 뻔했어!").

◆ 과거 실패했던 경험과 그 안에서 얻은 교훈을 나눈다(단순히 실패한 경험을 나누는 것만으로는 부족하다. 좌절을 통해 배운 점을 언급하는 것이 관건이다).

◆ 물질적인 것이 아닌 비(非)물질적인 것을 비교한다(상대가 당신이 가진 부를 부러워한다면, 당신은 또 다른 친구의 라이프스타일이 부럽다고 얘기해보는 것이다. "걔는 욜로족답게 자유여행 선수인 것 같아!").

◆ 누군가에 대한 부러움 때문에 자신 또한 변화를 시도해봐야겠다고 말한다("그녀는 몸매가 정말 좋다. 나도 이제부터 일주일에 세 번씩 운동을 시작해야겠어!").

심리학에서는 이런 개념을 모델링(Modeling)이라고 한다. 물론 캣워크를 걷는 모델링이 아니라 자신의 행동을 통해 좋은 가치관과 생각을 전달하는 것을 뜻한다.

보이지 않는 경쟁이 벌어지는 환경에서는 남을 지적하고 비판하는 일은 삼가되, 타인의 장점을 이야기하는 데는 인색함이 없어야 한다. 그러니 절대 소문을 교환하는 방법으로 다른 사람의 호감을 얻으려 하지 말라. 오늘 입 밖으로 낸 말이 얼마나 빨리 다른 이의 귀에 들어가는지 당신은 알지 못하겠지만, 소문을 입 밖으로 내는 순간 당사자 귀에 들어가기란 시간문제이니 말이다.

# 벤자민 프랭클린 효과

벤자민 프랭클린(Benjamin Franklin)은 미국 건국 이래로 가장 현명한 정치가로 손꼽힌다. 그는 아는 것도 많고, 친구도 많았지만 적도 적지 않았다. 그의 자서전에는 이런 일화가 언급되어 있다.

어느 날, 한 남성이 의회 앞에서 연설을 하며 프랭클린을 공개적으로 비판했다. 잘 알지도 못하는 사람에게 일장 연설을 들으니 프랭클린은 묘한 기분이 들었다. 게다가 그 사람은 세력이 상당해 틀림없이 굉장한 적수가 될 것 같아 보였기 때문이다.

이에 프랭클린은 이 남성에게 편지를 썼다. 의회에서의 연설에 대해서는 단 한마디도 언급하지 않고 그저 책을 빌려달라고 했다.

'정말 귀한 책인데, 듣자 하니 이 책을 소장한 사람이 귀하뿐이더군요!'

당시 책을 소장한다는 것은 사회적 지위를 상징하는 일이었다. 그런데 지식인으로 유명한 프랭클린조차도 그 책을 못 읽었다고 하니 아마 그 남성은 체면이 꽤 서는 기분이었을 것이다. 아니나 다를까 남성은 기꺼이 책을 빌려주었다. 프랭클린은 책을 다 읽고 돌려줄 때도 감사 편지를 잊지 않았다. 이 일이 있은 후, 두 사람은 의회에서 마주쳤는데 놀랍게도 그 남성이 먼저 프랭클린에게 말을 걸며 다가왔다. 그 후 두 사람은 빈번하게 교류하며 깊은 우정을 다졌다.

이것이 바로 누군가에게 호감을 얻으려면 먼저 그에게 도움을 청해야 한다는 '벤자민 프랭클린 효과'다.

이는 참 묘한 심리현상이다. 우리는 흔히 누군가를 좋아해야 그 사람을 돕고 싶다는 생각이 든다고 생각하지만 실은 상대를 도와줌으로써 더욱 호감이 생긴다.

무언가를 베풀고 감사 인사를 들으면 상대를 더욱 좋아하게 된다.

따라서 호감을 갖고자 할 때는 정중하게 작은 부탁을 해보는 것도 좋은 방법이다. 예를 들면 이렇게 말이다.

"와인에 대해 조예가 깊다고 들었는데 보르도 와인 고르는 법 좀 가르쳐주실 수 있을까요? 웃어른 생신 축하용으로요."

"육아의 고수라고 소문이 자자하시던데요. 요즘 우리 아이가 학교 공부 때문에 스트레스가 많은 모양이더라고요. 이럴 때는 아이와 어떻게 소통하는 게 좋을까요?"

일반적으로 상대의 경험이나 특기와 관련한 부탁을 하면 비교적 쉽게 긍정적인 답을 들을 수 있다. 답을 들은 후에는 상대의 도움에 대한 감사 인사를 전하는 카드나 편지, 또는 작은 선물을 전하는 것도 잊지 말아야 한다.

벤자민 프랭클린 효과는 비교심리가 싹트는 환경을 개선하는 데도 활용할 수 있다. 기술적인 부탁을 통해 집단에 속한 모두가 자신의 특기를 발휘할 수 있도록 해 각자가 나름의 공헌을 했다고 느끼도록 하는 것이다.

'돈'이 유일한 비교거리라면 부유한 사람이 언제나 우위를 차지하게 되지만 다른 사람에게 지식과 아이디어와 호감 등 무형의 자원을 제공하고 또 그 안에서 사람들의 인정을 받을 수 있다면 더 다양한 사람들이 존중받을 환경을 만들 수 있다.

부와 명예에 대한 비교는 있을 수밖에 없다. 이것은 인간의 본성이기 때문이다. 그러나 정신적인 가치를 존중하는 환경이 되면 물질과 권위를 신경 쓰는 환경보다 훨씬 건강해진다. 작가 데이브 램지(Dave Ramsey)는 말했다.

"당신이 좋아하지도 않는 사람에게 자랑하기 위해 부족한 돈으로 필요하지도 않은 물건을 사지 마라."

비교를 위해 자신을 가장해봤자 자신다운 모습을 점점 잃어갈 뿐이다.

★　★　★

*우리가 어떤 사람을 가장하면 그런 사람이 되고 만다.*

커트 보니것 *Kurt Vonnegut*

**1**

동화되어야 한다는 압박이 심한 환경

고위험군

학교 　　　 전통적 중소기업 　　　 동아리

스포츠팀 　　　 교회 　　　 정당

생존 심리
외롭게 혼자인 것보다 모두와
함께하는 게 안전하지

**WHAT TO DO?**

집단사고에 저항하라
동질화의 압력을 개선하라

**2**

보이지 않는 경쟁이 벌어지는 환경

고위험군

동창회 　　　 주변 이웃

사교 모임 　　　 SNS

생존 심리
가진 게 많아야 체면이 서고,
체면이 서야 친구가 생기고,
친구가 있어야 가진 게 많아지는 거야!

**WHAT TO DO?**

좋은 가치관과 생각을 전달하라
서로에 대한 호감을 쌓아라

# 주변에 항상
# 소인이 넘치는 이유 2

### 소인은 어떻게 탄생하는가 1
소인이 나타나기 가장 쉬운 환경은 어떤 환경일까?

CHAPTER 9

# 소인의 온상이 되는 환경 2

계속 이어서 다뤄볼 소인의 온상이 되는 환경은 세 가지다. 세 번째는 '위계가 분명한 환경', 네 번째는 '감독이 결여된 환경', 다섯 번째는 '이익이 제일이 되는 환경'이다.

## 3. 위계가 분명한 환경

고위험군
- 대기업
- 대가족
- 공직자 사회

이런 환경에서 두드러지는 소인의 행동적 특징

- 겉으론 위선을 떨면서 사적으로는 모함함
- 잇속에 따라 행동함
- 강자에게 약하고 약자에게 강함
- 결탁과 부정부패를 일삼음
- 다른 사람을 밟고 위로 올라가려 함

# 소인의 생존 심리
## 권력이 있어야 스스로를 지킬 수 있어!

닭을 키워본 사람이라면 다 알겠지만 새로 온 닭을 섣불리 기존의 닭 무리에 합사해서는 안 된다. 다른 닭들에게 쪼여 죽을 수도 있기 때문이다.

닭은 위계가 분명한 사회적 동물이다. 새끼 때부터 서로를 쪼아 공격하면서 소위 '서열 혹은 우열순서(Pecking Order)'를 정한다. 이렇게 정해진 우두머리 닭은 먼저 먹이를 먹고, 잠자리를 찾는 등 온갖 특권을 누린다. 무리 속에서 닭들은 서로의 위치를 분명하게 파악하고 있는데, 이를 모르는 낯선 닭이 들어오면 부리로 쪼아 상황 파악을 시킨다. 그런 까닭에 너무 작고 약한 닭을 합사하는 것은 곧 죽으라는 것과 다를 바 없다.

그래도 닭은 별다른 뜻 없이 기껏해야 서로 부리 싸움을 하는 것에 그치지만 원숭이는 그렇지 않다. 수컷 침팬지는 무리에서의 권위를 높이기 위해 몰래 약자를 괴롭히고, 때로는 다른 침팬지의 새끼를 대신 돌봐주기도 한다. 침팬지들의 세계에는 새끼를 안고 있는 침팬지는 절대 공격하지 않는다는 암묵적인 룰이 있기 때문이다. 이 얼마나 위선적인가!

호색가인 벵골원숭이는 이보다 더 의뭉스럽다. 특히 여왕 벵골원숭이는 훗날 왕이 될 만한 잠재력을 지닌 젊은 원숭이를 발견하면 몰래 그 원숭이에게 호감을 드러내는가 하면, 왕이 한눈을 판사이 호위병에게 공격당할 위험을 감수하면서까지 잠재력 넘치는그 '연하남'과 숲속에서 정을 통하기도 한다.

물론 인간의 권력 싸움은 한층 더 다채롭다.

중국 드라마 〈옹정황제의 여인〉에는 궁중 암투가 난무하는데, 이러한 암투는 그 옛날 궁전에만 국한되지 않는다. 권력의 위계가분명한 곳, 특권을 누리는 권력의 중심이 있는 곳이라면 어디든궁전의 축소판이 될 수 있다.

궁전에서는 저마다 권력을 원하는 이유가 다르다. 사람들은 흔히 권력의 핵심 문제가 '누구'에 있다고 생각하지만, 나는 이보다'왜'가 더 중요한 문제라고 생각한다. 다시 말해서 '사람들은 왜 권력을 쟁취하려 하는가?'를 자문해봐야 할 필요가 있다는 뜻이다.

어떤 사람은 남들을 통제하고, 자원을 독점하기 위해 권력을 원한다. 이런 유형의 사람은 그리 많지 않지만 그들의 이기심은 쉽게 고쳐지지 않는다. 당신의 곁에 이런 친구가 있다면 그들과 일정한 거리를 두길 추천한다. 옛말에 권력은 사람을 부패하게 하고, 절대적인 권력은 사람을 절대적으로 부패하게 한다고 했다. 이런 사람이 절제를 모르면 자신이 지른 불에 자신이 불타 죽는다. 그러니 절대 그들과 어울리지 마라.

또 어떤 사람은 자신이 억압받았던 과거 때문에 권력을 원한다. 자신과 자신의 가족을 위한 화풀이를 위해서랄까? 문제는 이러한 보복심리의 독성이 상당히 강하다는 점이다. 나쁜 행동을 모두 합리화하고 나아가 가짜 정의로 둔갑시킬 수 있기 때문이다. 이러한 사람은 패기가 넘친 나머지 선을 넘기 일쑤다. 약자일 때는 권력을 손에 쥐기 위해 수단과 방법을 가리지 않고, 힘을 얻었다고 해서 너그럽게 사람을 대하는 것도 아니기 때문에 이런 사람 또한 멀리하는 게 좋다.

한편 어떤 사람은 자기 자신을 보호할 수 있는 평안한 삶을 위해 권력을 원한다. 이들에게는 반드시 갚아야 할 원한이 없고, 위험과 부담을 감수할 만큼 권력에 대한 열망이 큰 것도 아니다. 공정한 대우를 받으며 편안하게 삶을 살 수 있으면 그걸로 충분하다고 생각한다. 이런 사람과는 맹우가 되어도 좋다.

## 위계가 분명한 환경에 대처하는 법

이런 환경에는 수많은 소인이 존재할 수밖에 없다. 하지만 그렇다고 그들의 존재를 당연하게 받아들여야 한다는 뜻은 아니다. 위계가 분명한 환경에서 자기 자신을 지키는 방법은 다음과 같다.

## 냉정하게 시국을 살펴라

새로운 환경에 들어가게 되었다면 먼저 조직 내 상황부터 분명하게 파악해야 한다. 이때 자신의 몸을 낮춰 초반의 허니문 효과를 십분 활용하는 것이 관건이다. 남들이 말하는 소문을 곧이곧대로 믿을 것이 아니라 자신이 직접 보고 들은 대로 판단해야 한다. 이 과정에서 자신에게 불리한 소문을 들었다면 개인적으로 사실확인에 나서는 것이 먼저다. 이렇게 하다 보면 대부분의 일이 남들의 말처럼 그렇게 과장되진 않았음을 발견할 것이다.

## 자신의 능력을 키워라

위계가 분명한 환경에서 반드시 자문해봐야 할 문제가 있다. 그것은 바로 '나는 정치를 하러 왔는가, 아니면 일을 하러 왔는가?'다. 물론 자신의 능력을 키우는 것 외에 팀에 대한 자신의 공헌이나 가치를 드러내는 일도 매우 중요하다. 그러니 어떤 일로 박수를 받았다면, 당신이 그 일을 성공적으로 해낼 수 있도록 도움을 준 모두에게 잊지 말고 감사 인사를 전하자.

## 주위 사람에게 안정감을 선물하라

이는 자기 자신을 지키는 최고의 방법이다. 주위 사람에게 안정감을 주려면 약속을 지켜야 하고, 다른 사람의 비밀을 누설하지 않아야 하며, 당신의 귀에 들어온 소문을 입으로 옮기지 않아야

한다. 물론 이러한 행동이 조직 안에서의 빠른 승진을 보장한다고
는 할 수 없다. 그러나 동료들의 믿음과 존중은 확실히 얻을 수 있
을 것이다. 그러니 자신의 양심에 부끄럽지 않게 행동하며 시간에
모든 것을 맡겨라.

### 다양한 관계를 유지하라

팀에서의 암투가 당신의 세상을 집어삼키게 두지 않으려면 더
넓은 세계관을 가져야 한다. 다양한 환경에 속한 사람들을 사귀어
다방면의 맹우를 만들어둬야 한다는 뜻이다. 그들이 다각도에서
자신의 세상을 되돌아볼 기회를 만들어줄 테니 말이다. 게다가 탄
탄한 인맥이 있으면 '여기가 아니라도 분명 어딘가 나를 받아줄
곳이 있을 것'이라는 자신감과 대범함을 가질 수 있다.

GET LUCKY!
CHAPTER 9

# 밀사의 사람을 읽는 법

지금은 미국 외교관으로 일하고 있지만, 한때 중동에 파견되어
밀사로 활동한 친구가 있다. 그 친구가 내게 '사람을 읽는 법'을 가
르쳐주었는데 그 방법이 꽤 쓸 만하다.

## 상대가 자신의 행동을 언급할 때 최소 세 번
## "왜?"라고 묻는다

예컨대 동료가 "신입이랑 밥 좀 먹어야겠어"라고 말한다면 "왜?"라고 묻는 것이다.

"입사한 지 얼마 안 됐잖아! 얼른 친구들도 좀 사귀라고 얘기해줄 겸."

"왜 신입이 빨리 친구를 사귀어야 할 것 같아?"

"상황 파악을 전혀 못 하는 눈치잖아."

"그래? 난 몰랐네. 왜 상황 파악을 못 한다고 생각했는데?"

"너 못 봤어? 입사한 지 일주일도 안 됐는데 벌써 옆에 앉은 개한테 끌려다니고 있잖아."

왜 최소 세 번 왜냐고 물어야 할까? 우리 나름대로 상대의 동기를 추측할 수 있긴 하지만 어쨌든 이는 추측일 뿐 당사자에게 직접 물어보는 것이 더 정확하기 때문이다.

"왜?" 하는 질문을 받았을 때, 보통 사람들은 진실을 말하기도 하지만 미리 준비한 공식 입장을 이야기하기도 한다.

그러나 계속 추궁하면 상대는 좀 더 설명해야 하는 입장이 되기 때문에 '동기 뒤에 숨은 진짜 동기'를 드러낼 가능성이 커진다.

공식 입장에서 벗어나면 진실을 숨기기 어렵다. 상대방의 눈빛과 몸짓언어에서 단서를 찾을 수 있을지도 모른다. 이렇게 정보가 생기면 상대의 말이 진심인지, '새끼를 돌보는 척하는 침팬지'인지 판단할 수 있다.

물론 말을 할 때는 기술이 필요하다. 그래야 상대가 의심이나 도전을 받고 있다는 생각을 하지 않는다. 그렇다고 눈에 빤히 보이는 사실을 모르는 척 연기하라는 뜻은 아니다. 다만 잘난 체하며 넘겨짚지 말아야 한다. 요컨대 사람을 읽는 데는 경험과 정보가 필요하다. 직관과 추측에만 의존해서는 안 된다는 얘기다.

조금 더 질문을 던지면 더 많은 진실을 알 수 있을지도 모른다.

### 상대가 종업원과 그에게 도움을 청하는 사람들을 어떻게 대하는지 주의 깊게 살핀다

예를 들어 함께 식사하게 되었다면 종업원을 대하는 상대의 말투를 유심히 들어보는 것이다. 그의 말투는 상냥하고 점잖은가, 아니면 우월감이 느껴지는 명령조의 말투인가? 길에서 설문조사를 부탁하는 사람이나 지하철에서 껌을 파는 사람을 만났을 때는 어떤가? 예의 바르게 대하는가, 아니면 쌀쌀맞게 대하는가?

\* \* \*

*자신에게 아무런 이익이 되지 않는 사람을*
*대하는 태도에서 한 사람의 품격이 드러난다.*

괴테 Johann Wolfgang von Goethe

자기 사람에게는 친절하지만 자신에게 도움을 청하는 사람에겐 무례한 언사를 내뱉는다면 그의 행동에는 소위 '급'을 나누고자 하는 심리가 깔렸다고 볼 수 있다. 이런 사람은 권력에 매우 민감하며 상대적으로 위로 올라가려는 욕구가 강한 편일 가능성이 크다. 물론 이 역시 '기본적 귀인 오류'에 따른 판단일 수 있기에 여러 차례 관찰해볼 필요가 있으며, 정말 궁금하다면 "방금 왜 그런 거야?" 하고 직접 상대에게 물어보는 것도 한 방법이다.

## 그와 친한 친구는 누구인지를 살핀다

우리는 누구나 다른 사람에게 영향을 받는다. 함께하는 시간이 길수록 그 영향도 더욱 깊어진다. 물론 친한 친구라고 해서 모두 우리와 똑같은 성향을 가진 것은 아니지만 개성과 가치관에서 어느 정도 일치하는 부분이 있게 마련이다.

그런 까닭에 상대와 친한 친구가 누구인지, 또 그와 가장 오랜 시간을 함께하는 사람은 누구인지를 살피면 상대를 더 깊게 이해할 수 있다.

상대가 어떤 유형의 사람을 좋아하는지 파악 가능할뿐더러 그 사람이 가진 권력에 대한 가치관도 어림잡아 알 수 있다.

◆ 교수부터 암흑가의 사람에 이르기까지 별의별 친구가 다 있다면 그는 계급의식이 없는 편이라고 볼 수 있다.

- 친구들끼리 서로 오랜 세월을 알고 지냈다면 그는 우정과 의리를 중시하는 사람일 가능성이 크다.
- 친구들이 모두 비슷한 배경을 가지고 있다면 생활반경이 좁거나 비슷한 이들하고만 어울리길 원하는 사람일 수 있다. 이런 사람은 일반적으로 계급의식이 강한 편이다.
- 그저 스쳐 지나가는 이들만 있을 뿐 친구가 별로 없는 사람이라면 그의 친구들이 어떤 유형인지, 어떤 목적을 갖고 있지는 않은지 각별히 주의를 기울여야 할 수도 있다.

상대가 서열이 분명한 권력구조에 속해 있으며, 개인의 계급의 식이 비교적 강하고, 또 어떻게든 권력구조의 위로 올라가려는 사 람이라는 판단이 섰다면 그와 친구가 될 수는 있어도 절대 그의 길을 막아서는 안 된다. 자신의 가치를 드러내되 한낱 장기판의 말로 전락하지 않도록 하는 것, 이것이 바로 위계가 분명한 환경 에서 살아남는 길이다.

★　★　★

*당신은 당신과 가장 많은 시간을 보내는*
*다섯 사람의 평균적 복합체다.*

**짐 론** Jim Rohn

# 불안감 낮추기

하버드대학교와 컬럼비아대학교의 최근 연구 결과에 따르면 사람은 '불안감'을 느낄 때 자신이 가장 안전하다고 느끼는 곳으로 물러나 자기 본위의 사고를 하기에 이기적으로 변하고 공감 능력도 떨어지게 된다고 한다. 따라서 모든 사람이 공감 능력을 발휘할 환경을 만들어 사람들 간의 대립을 줄이려면 어떤 소통의 기술을 사용하든 상대에게 충분한 '안정감'을 주어야 한다.

이는 가족관계에서도 특히 중요하다. 우리는 흔히 '가족'이라는 이유로 서로에 대한 배려를 잊을 때가 많기 때문이다. 그러나 가족 간의 '안정감'도 함께 만들고 유지해가는 노력이 필요하다. 걱정이 많은 성격의 사람이 있다면 평소 조금 더 마음을 보듬어주고, 평범한 듯 보이는 일상에도 우울한 스트레스가 숨어 있다는 사실을 간과해서는 안 된다.

예컨대 부부가 가정을 위해 열심히 일하는 것은 좋지만 스트레스가 '당연한 것'이 되지 않도록 주의해야 한다. 스트레스는 사람을 불안하게 하고, 불안은 전체를 보지 못하고 부분만 보는 터널 시야를 갖게 만들기 때문이다. 부부가 각자 자기 본위의 사고를 한다면 당연히 충돌이 생길 수밖에 없다.

"가정을 위해서 힘들게 일하는데 당신은 왜 그걸 이해해주지 못하는 거야?"

"가정을 위해서 힘들게 일한다고? 당신 안중에 내가 있기는 하니?"

이러한 상황에서 벗어나려면 부부 사이의 안정감을 되찾아야 한다.

"하늘이 무너져도 내겐 당신이 있잖아!"

"지금은 상황이 그리 좋진 않지만 당신만 있으면 난 걱정 없어!"라며 서로가 서로의 존재를 일깨우면서 말이다.

그저 말 한마디뿐일지라도 화가 났던 감정을 가라앉히기엔 충분하다. 아무리 가족 간이라도 서로의 감정을 고려해야 한다. 그러니 마음을 가라앉혀라. 그래야 공감 능력을 발휘해 서로를 대할 수 있다.

GET LUCKY!
CHAPTER 9

# 사람의 온기가 가득하도록

친밀한 관계가 아닐 경우에는 더더욱 사람의 감정에 주의해야 한다. 그래야 처치를 바꿔 생각하며 서로를 배려하는 분위기를 만들 수 있다.

스탠퍼드대학교의 필립 짐바르도(Philip Zimbardo) 교수가 무려

30년에 걸쳐 진행한 연구 결과에 따르면 인간의 양심을 해치고 서로 생채기를 내는 가장 쉬운 방법이 바로 상대를 '사물화'하는 것이라고 한다.

역사적으로도 이러한 예를 쉽게 찾아볼 수 있는데, 그중 대표적인 것이 나치수용소다. 과거 나치수용소의 모든 포로는 이름 대신 번호로 불렸다. 그래야 관리감독을 맡은 군인들이 포로에 대한 거리감이 생겨 그들을 '인간'으로 취급하지 않기가 더 쉬웠기 때문이다. 현재 여러 교도소에서 범죄자에게 수감번호를 부여하고, 교도관들이 수감번호로 범죄자를 부르는 것 역시 이와 같은 맥락이라고 할 수 있다.

사람들은 자신이 싫어하는 대상에게 자연스레 사물화한 별명을 붙인다. 왜? 그러면 상대의 이름을 부르지 않아도 되고, 이로써 심리적 거리감을 유지할 수 있기 때문이다. 사람 이름 대신 사물화한 별명을 사용하면 그 대상에 대한 감정을 쉽게 지울 수 있다.

반대로 어떤 물건에 사람의 이름을 붙여도 그에 대한 감정이 생기기 쉽다. 어린아이들을 생각해보라. 자신이 가장 좋아하는 인형이나 애완동물에 사람의 이름을 붙여주고, 자신의 아이처럼 보살피지 않는가!

추상적인 개념도 사람의 이야기를 통해 인간미를 더할 수 있다. 미국 대통령의 연설 내용을 자세히 들여다보라. 국가 정책에 대해 언급할 때면 항상 대중의 이야기가 등장할 테니 말이다.

"…… 이 정책 개혁으로 유타주에 사는 스미스 씨 가족은 드디어 건강보험을 갖게 되었고, 그의 아이들은 드디어 의사에게 진료를 받을 수 있게 되었습니다!"

그런 의미에서 한 조직에 '인간'의 온기를 더하는 가장 간단한 방법은 구성원의 이름을 더 많이 불러주는 것이라고 할 수 있다. 별명이 아니라 그들의 진짜 이름을 말이다. 회의할 때 직함 대신 서로의 이름을 부르도록 독려하는 것도 좋은 방법이다.

물론 비교적 보수적인 환경에서는 이렇게 서로의 이름을 부르는 것이 너무 제멋대로인 행동 혹은 무례한 행동으로 받아들여질 수 있다. 따라서 사람들이 당신을 '위아래도 모르는' 사람으로 생각하지 않도록 예의에 따라 지혜롭게 판단할 필요가 있다. 다만 여기서는 어떻게 하면 사람과 사람 사이의 공감 능력과 친밀감을 높여 계층화된 간격과 거리를 좁힐 수 있는지 그 방법을 이야기 중이니, 가능한 한 사람들의 이름을 더 많이 불러주고 또 더 많은 이야기를 나눌 것을 추천한다. 그래야 자신이 속한 환경에 존재하는 계급의식을 누그러뜨릴 수 있을 테니까.

★　★　★

*우리에게 평화가 없다면,*
*이는 우리가 서로에게 속해 있음을 잊었기 때문일 것이다.*

테레사 수녀 Mother Teresa

## 4. 감독이 결여된 환경

## 고위험군

- 규정이 느슨한 기업
- SNS
- 인구가 많고 복잡한 도시

## 이런 환경에서 두드러지는 소인의 행동적 특징

- 부정행위, 탐욕, 규칙 위반
- 시니컬함, 정의를 업신여김
- 교묘하게 사리사욕을 취함, 원칙에 따라 일을 처리하는 태도가 결여됨
- 약속을 어기거나 공공연히 신의를 저버림
- 자기 일에만 신경 쓰고 남의 일에는 무관심함

# 소인의 생존 심리
## 세상 사람들은 다 똑같아. 너무 착하면 손해라고!

감독이 결여된 환경에서 누군가가 부정직한 행동을 했을 때, 그를 따라 규칙을 위반하는 사람이 얼마나 될까?

심리학자 댄 애리얼리(Dan Ariely)는 흥미로운 실험으로 이 질문의 답을 찾았다. 그는 정답 문항 개수에 따라 상금을 주겠다고 약속하고 대학생들에게 수학 문제를 풀도록 했다.

다만 첫 번째 그룹은 교직원이 채점을 한 다음 정답 문항 개수에 따라 돈을 지급했고, 두 번째 그룹은 스스로 채점을 한 후 직원에게 결과를 보고하면 돈을 수령할 수 있었다. 게다가 이 그룹의 학생들은 교실을 나설 때 시험지를 파쇄기에 넣어 파쇄할 수 있었기 때문에 그들이 거짓말을 했는지는 아무도 알 수 없었다.

이치대로라면 두 그룹의 평균 점수에 별 차이가 없겠지만, 두 번째 그룹의 학생들이 고의로 점수를 '뻥튀기'한다면 첫 번째 그룹 학생들의 점수와 분명한 차이가 있을 터였다.

과연 두 번째 그룹의 학생들은 자신의 점수를 부풀려 더 많은 상금을 받아 갔을까?

물론이다.

하지만 약 20% 정도 점수를 부풀려 보고해 그리 심각한 수준은 아니었다.

그렇다고 몇 명의 '나쁜 학생'이 그룹 전체의 평균을 높인 것도 아니었다. 여러 차례 반복해서 실험을 진행한 결과 학생들은 부정행위를 할 기회만 주어지면 대부분 20% 정도의 나름대로 '합리적인 선'에서 자신의 점수를 부풀리는 것으로 드러났기 때문이다. 다만 점수 부풀리기의 정도가 대폭 상향되는 상황이 있었다.

실험 도중 시험이 시작되고 얼마 지나지 않아 한 학생이 손을 들어 이렇게 말을 하는 경우였다.

"다 풀었는데 채점해도 될까요?"

"다 맞았어요!"

사실 이 학생은 애리얼리 교수가 미리 심어놓은 연기자였지만 다른 학생들은 이러한 사실을 알지 못했다. 그들은 그저 그 학생이 거짓말을 하는 게 분명하다고 생각하며(문제 자체가 100점을 맞기 어려운 난도였기 때문에) 그가 상금을 받고 유유히 강의실을 나가는 모습을 지켜볼 뿐이었다.

이런 상황이 되자 점수를 부풀리는 정도가 무려 배가 되었다.

감독이 결여된 환경에서 보통 사람들은 자신에게 관대해진다. 그런데 이렇게 감독이 결여된 때가 바로 소인이 눈에 띄게 득세하고, 사람들을 더욱 방종하게 만든다.

사회학에서 이와 상응하는 개념이 바로 '깨진 유리창 이론

(Broken Windows Theory)'이다. '깨진 유리창 이론'이란 지역 사회에 유리창이 깨진 집을 그대로 방치해두면 그 지역은 감독이 결여된 곳이라는 생각에 더 많은 범죄가 일어나게 된다는 것이다. 마찬가지로 길거리에 쓰레기 굴러다니면 보통 사람들은 쓰레기를 수거하는 사람이 없다고 생각해 더 함부로 쓰레기를 버리게 된다.

깨진 유리창 이론을 옹호했던 사람 중에는 1990년대 뉴욕시 경찰국장을 지낸 브래튼(William Bratton)이 있었다. 당시 그는 깨진 유리창 이론을 활용해 거리의 그래피티와 지하철 무임승차 등의 '경범죄'를 철저하게 단속했다. 또한 도심 벽의 낙서를 지우는 작업을 대대적으로 진행하는가 하면, 깨진 유리창을 교체하고, 거리를 청소하고, 순찰을 강화했다. 그 결과 그가 재임한 6년 동안 뉴욕의 크고 작은 범죄가 절반 가까이 감소했다.

물론 이런 방식에는 많은 인력과 시간이 든다. 그렇다면 엄정한 공권력 집행을 제외하고 사람으로 하여금 자연스레 정직함을 유지하게 만들 긍정적인 방법은 없을까?

GET LUCKY!
CHAPTER 9

## 자신 안의 군자를 깨워라

애리얼리 교수는 이후 몇 번의 실험을 더 진행했다. 이번엔 실험을 시작하기 전 모든 학생에게 '십계'의 내용을 되뇌어보라고 주문했다. 그 결과는 어땠을까? 놀랍게도 단순히 '십계'의 내용을 되뇌는 것만으로 점수를 부풀리는 현상이 사라졌다.

'시험을 볼 때는 부정행위를 해서는 안 된다'는 내용이 십계에 적혀 있는 건 아니지만 십계를 떠올리는 것만으로도 일종의 주의 환기가 된 셈이라고 할 수 있다. 이러한 현상에 대해 애리얼리 교수는 이렇게 해석했다.

"사람들은 대부분 정직하고 선량하다. 그러나 도덕적 기준을 유지하기란 보통 피곤한 일이 아니기에 사람들은 일상생활 속에서 쉽게 해이해지는데 이런 현상을 '도덕성의 낮잠(Moral Slumber)'이라고 한다."

다시 말해서 우리의 마음속에는 모두 '군자'가 살고 있으나, 이 군자가 잠꾸러기이기 때문에 수시로 그를 깨워줘야 한다는 뜻이다.

'도덕적 환기'의 힘은 처벌에 따른 위협이 아니라 개인의 양심에서 비롯된다.

예컨대 "자중해서 정직하게 답해야 해!" 하는 말은 주의 환기라고 할 수 있지만, "부정행위를 하는 사람은 죽는다!" 하는 말이 덧붙으면 위협이 된다. 한편 "지난번을 생각해봐. 요령을 피우지 않고 온전히 네 스스로의 노력으로 힘겨운 도전을 끝냈잖아. 당시 1등을 하진 못했지만 그 뿌듯한 느낌은 정말 좋지 않았어?" 하는 말은 도덕적 환기라고 할 수 있다.

이렇게 마음에서 우러나 우리의 뇌를 거친 자성적(自省的) 사고
는 잠자고 있는 마음속 군자를 깨워 비교적 높은 도덕적 기준으로
자기 자신을 감독할 수 있게 해준다.

GET LUCKY!
CHAPTER 9

# 적시에 자신의 주의를 환기하라

또 다른 도덕적 환기 방법은 바로 인간의 비교심리를 활용하는
것이다. 감독이 어려운 환경일지라도 꾸벅꾸벅 졸고 있는 군자에
게 거울 볼 기회를 줄 방법은 있다.

미국에서는 학교와 가까운 도로에서 시속 15~25마일로 속도가
제한된다(시속 25~40킬로미터). 그러나 많은 운전자가 이러한 알림
에 아랑곳하지 않고 과속을 해 근처를 오가는 학생들에게 위협이
되었다.

대부분의 지역에서는 경찰 인력이 부족해 단속하기도 어려운
실정이었다. 어떤 이가 속도탐지기와 속도제한 표시판을 하나로
결합하는 방법을 고안해내기 전까지는 말이다. 속도탐지기가 탑
재된 표지판 위에 제한속도를 적어놓고, 그 옆 화면에는 '당신의
현재 주행속도'가 표시되었다. 운전자가 제한속도와 함께 자신의
과속 정도를 확인하면 두 숫자를 비교해 환기 및 교정 효과에 도

달할 수 있을 거라는 이론에서였다.

결과는 역시 별도의 속도 측정이나 경찰의 딱지 떼기 없이도 효과적으로 자동차의 주행속도를 줄여 목표를 달성하고 자원까지 절약할 수 있었다.

나는 보통 사람들이 약간의 반칙을 하기도 하지만 적당한 도덕적 환기만 해주면 많은 문제를 극복할 수 있다는 댄 애리얼리의 이론이 다른 여러 환경에서도 유효할 거라고 믿는다. 방법만 맞게 사용한다면 긍정적 신호도 부정적 처벌의 위협 못지않게 효과적이다. 일부 상점에서는 이런 글귀를 볼 수 있다.

'CCTV 촬영 중, 절도 행위에는 반드시 법적 책임을 묻겠음!'

그러나 '촬영 중이니 웃으세요!'라고만 적어놓은 상점도 있다. 전자나 후자나 모두 같은 목적으로 글귀를 써 붙였지만 사람들에게 주는 느낌은 전혀 다르다.

물론 사람들이 이미 환경에 대한 희망을 저버린 상태에는 부지런히 지도를 해봤자 아무 효과가 없다. 이런 상황에서는 엄격한 규범과 처벌이 더해져야만 규칙 위반 행위를 효과적으로 통제할 수 있다. 지나친 감독은 인권을 침해할 뿐만 아니라 강압적인 분위기를 만들어 집단의 불만을 낳을 수 있다. 그 안의 균형을 위해서는 주관자의 지혜가 필요하다.

내가 추천하는 방법은 책임 소재가 마땅치 않은 환경에서는 가급적 책임제도를 마련하는 것이다. 이미 환경에 대한 신뢰가 무너진 집단이라면 규범으로 사람들의 참여를 독려하고 그들이 좋은 성과를 눈으로 확인할 수 있도록 만듦으로써 참여로 자신의 환경에 관심을 가지게 해야 한다. 그렇게 조금씩 환경에 감정을 이입하게 되면 유연한 도덕적 환기를 활용할 기회가 생겨 모든 사람이 최고의 자신이 될 수 있다. 또한 그 안에서 환경의 선순환을 만들어낼 수 있다.

★　★　★

*자신에 대해 100% 책임을 질 수 있을 때,*
*비로소 완전히 다른 내가 될 수 있다.*

*할 엘로드 Hal Elrod*

## 5. 이익이 제일이 되는 환경

## 고위험군

◆ 상업계
◆ 무역시장
◆ 금전적 이익을 중시하는 사회공동체

## 이런 환경에서 두드러지는 소인의 행동적 특징

◆ 시시콜콜 따지며, 사리사욕을 채우려는 행동
◆ '돈만 벌 수 있으면 뭐든 괜찮아' 라는 도덕적 해이
◆ '돈 있으면 다 돼!' 라는 특권의식
◆ 잇속을 따지고, 부를 과시하는 생활 태도
◆ '나는 돈벌이를 하러 왔을 뿐이야' 라는 마음가짐

# 소인의 생존 심리
## 돈이 최고야, 다른 건 하나도 중요하지 않으니 일단 돈부터 벌자!

이런 환경의 모순은 돈이 일상적인 문제를 해결해주지만 이와 동시에 문제를 만들어내기도 한다는 데 있다. 돈 자체만으로는 선과 악을 논할 수 없지만 우리의 판단과 행동에 지대한 영향을 준다.

'돈이 좋다'는 말에서 돈은 단순히 수표와 동전이 아니라 권력과 자유와 풍족한 물질적 삶을 상징한다. 돈으로 많은 즐거움을 살 수 있고 좋은 일도 할 수 있지만, 최단기간에 인간을 부패의 길로 빠트리기도 한다. 왜일까?

인간은 누구나 본능적 이기심을 가지고 있어 지금보다 더 많은 것을 얻길 바라고, 잃는 것을 두려워한다. 그러나 이와 동시에 본능적 희생 정신을 가지고 있어 집단을 위해 개인의 손해를 감수한다. 우리가 돈을 최고로 여길 때 우리는 또 다른 계산 모드에 돌입하여 자신의 이기적인 면을 드러내게 된다.

최근 발표된 심리학 연구 결과에 따르면 돈을 생각하는 것만으로도 사람의 이기심을 끌어낼 수 있고, 돈이 그려진 그림을 보는 것만으로도 협력게임 중 팀원과의 협력을 원치 않으며, 심지어 부정행위를 저지를 가능성이 커진다는 사실이 확인되었다. 이에 학자는 우리가 어떤 결정을 내릴 때 두 가지 생각의 기준이 존재하는데 그중 하나는 사회의 기준(Social Norms), 또 다른 하나는 시장의 기준(Market Norms)이라는 이론으로 모순적인 심리를 해석했다.

우리는 사회의 기준으로 친척과 친구를 대한다. 호감을 얻기 위해 이익은 많이 따지지 않는 편이다. 그러나 낯선 사람을 대할 때는 시장의 기준을 사용해 비즈니스적인 마인드로 '공정한 거래'를 추구한다.

금전적인 부분을 생각하는 것만으로도 사회의 기준에서 시장의 기준으로 사고회로의 모드를 전환할 수 있으며, 일단 전환한 모드는 다시 되돌리기도 어렵다. 많은 사람이 물건을 구매할 때 물건 자체는 시시콜콜 따지지 않다가 가격은 집요하게 비교하는 것처럼 말이다. 아마 다들 이런 경험이 있지 않던가? 상인과 가격 흥정을 할 때 시작은 조금 어색하지만 한창 하다 보면 몇백 원이라도 더 깎아보겠다고 옥신각신한 그런 경험 말이다. 사실 똑같은 돈이라도 상황에 따라 우리에게 다가오는 느낌은 달라진다.

그런 까닭에 이익과 돈이 우선되는 환경에서 우리는 수시로 우리 자신에게 경종을 울릴 필요가 있다.

❶ 꼬치꼬치 따지다 보면 상황이 고약해지니 돈 몇 푼 때문에 더 큰 걸 잃지 말자.

❷ 사실 '가격'과 '가치'는 다른 거야.

생각해보라. 생수 한 병의 생산가는 고정되어 있지만 상황에 따라 얼마나 큰 가치 차이가 나는지 말이다.

예컨대 집에서 생수 한 병의 가치는 매우 제한적이다. 그러나 햇빛이 작렬하는 사막에서 더위에 정신을 못 차릴 때는 생수 한 병의 가치가 매우 높아진다. 물 한 병의 가치를 판단하고 그에 따라 가격을 조정하는 것이 '비즈니스'의 기본이다.

우리 사회에서는 보통 가격과 가치가 정비례하기 때문에 많은 사람이 '가격 = 가치'라는 인식을 갖고 있다. 가격이 높을수록 품질이 좋음을 뜻하고, 돈을 많이 벌수록 일할 가치가 있으며, 많은 돈을 가질수록 가치 있는 인생이라고 생각한다.

하지만 이는 잘못된 생각일 뿐이다. 가치는 당신의 쓸모와 기여도에서 비롯되는 것이지, 꼭 돈과 직접적인 관계가 있는 것은 아니기 때문이다. 이익을 우선하는 환경에서 우리는 돈으로 품질을 판단할 가능성이 크지만 이런 논리는 사실 반대가 되어야 한다. 먼저 사물의 가치를 보고 다시 가격을 결정해야 한다.

# 돈이 전부는 아니다

피터 틸(Peter Thiel)은 페이팔(Paypal)의 창업자이자 실리콘밸리의 유명 투자가다. 그는 스타트업을 준비하는 젊은이들에게 이런 조언을 했다.

"창업을 위한 창업이 아니라 문제해결을 위한 창업을 하십시오."

다시 말해서 풀지 못했던 기존의 난제를 해결해 인간의 삶을 편리하게 만들면 기업에 존재 가치가 생기고, 가치 있는 기업은 투자자와의 가격 협상도 쉬워진다는 얘기다.

그러나 지금 우리 주의를 둘러보면 대부분의 기업이 가치를 창출하기 위해서가 아니라 돈을 벌기 위해서만 존재하며, 직원들 역시 가치 창출을 위해서가 아닌 오직 돈벌이를 위해 일하는 것처럼 보인다. 그러나 이렇게 해서는 오래 버틸 수도 없을 뿐만 아니라 귀중한 시간과 에너지만 낭비하게 된다. 생각해보라. 사회의 모든 구성원이 집단을 위한 최대한의 가치 창출을 목표로 최선을 다한다면 이 얼마나 꿈같은 사회가 되겠는가?

이를 위해서는 우리 주변의 환경을 '가격 지향'에서 '가치 지향'으로 전환하려는 노력이 필요하다. 젊은이들에게 '더 많은 돈을 벌 수 있는 방법'이 아닌 '더 많은 가치를 창출할 수 있는 방법'을 알려주고 가치를 만들어낼 수 있도록 독려해야 한다. 자신만의 가치를 만든 후에는 기회만 잘 활용할 줄 알면 돈이 따라오게 되어 있다.

어떤 이들은 운이 좋으면 많은 돈을 벌 수 있다고 생각한다. 페이스북 창업을 함께한 젊은이들이 지금은 모두 억대의 몸값을 자랑하게 되었듯이 말이다. 누군가가 페이스북 창업 멤버 중 하나였던 더스틴 모스코비츠(Dustin Moskovitz)에게 "몸값이 수억 달러에 달하는 부자가 되었는데 기분이 어떠십니까?"라고 물은 적이 있다.

이에 그는 미국의 유명 코미디언인 루이스 CK(Louis CK)의 말을 인용해 이렇게 답했다.

"저는 단 한 번도 돈을 '내 돈이다'라고 생각해본 적이 없습니다. 돈은 돈이고, 이는 하나의 자원일 뿐입니다. 제게 돈이 모일 때 제겐 이를 다시 사회로 돌려놓을 책임이 생기는 셈이지요."

모스코비츠는 이런 말을 덧붙이기도 했다.

"이 돈은 때마침 제게 모인 것일 뿐입니다. 그래서 저와 제 아내는 돈의 관리자가 되었지요. 하지만 저희는 이 돈이 언제나 이 사회에 속해 있다고 믿고 있고, 또 그런 태도로 돈을 관리하고 있습니다. 완벽할 수는 없겠지만 앞으로도 이런 방향으로 지속적인 노력을 해나갈 생각입니다."

모스코비츠의 답도, 또 그가 만든 사회적 기업 프로젝트(www.goodventures.org 포함)도 참 멋지다고 생각한다. 단언컨대 나는 나의 돈으로 이러한 사회적 투자에 힘을 보태길 원하며, 앞으로 다가올 날들에 더 많은 성공 인사가 자신만의 방식으로 사회에 기여하길 바란다.

돈은 물과 같아서 유동적일수록 가치가 있다.
행운도 마찬가지다. 움직일수록 행운이 깃든다.

부디 우리 모두가 이익을 가치로 전환해 자기 자신과 타인을 위하며 행운의 주인공이 될 수 있기를 바란다!

최고의 행운아는 가장 많은 돈을 가진 사람이 아니라 가장 많은 삶의 가치를 만들어낸 사람이라고 나는 믿는다.

# 소인으로부터 나의 환경은 안전한지 평가하는 방법

이제 어떤 환경이 소인의 행동을 부추기는지 알았으니, 아래의 간단한 평가 목록으로 자신이 처한 환경을 평가해보라.

각 문항에 대에 0~5점의 점수를 매겨보자.
0=전혀 그렇지 않다, 5=완전 그렇다

❶ 동화되어야 한다는 동화의 압박이 존재하는가?
❷ 비공개적 혹은 불투명한 경쟁 상대가 존재하는가?
❸ 뚜렷한 권력의 위계가 존재하는가?
❹ 감독과 책임의 소재가 부재하는가?
❺ 금전적 이익을 최우선에 두는가?

자신이 매긴 점수를 모두 더한 다음 다시 4를 곱한다.
예를 들어 자신이 다니는 회사를 평가해 각 문항에 다음과 같은 점수를 매겼다고 가정해보자.
❶=3, ❷=4, ❸=4, ❹=1, ❺=3

이 경우 총점 15점에 다시 4를 곱하면=60점이다.

## 0~40 / 위험도: 낮음

이런 환경이라면 안심해도 좋다. 소인이 전혀 없을 거라고는 할 수 없지만 상대적으로 확률이 낮기 때문이다. 이런 환경에서는 선량한 본성을 발휘하기 쉬워 팀원들 간에도 즐겁게 협업할 수 있다. 설령 적수가 있다고 해도 공정한 방식으로 경쟁이 이뤄질 것이다.

## 41~65 / 위험도: 보통

이러한 환경적 특징은 소인을 만들어내기에 충분하지만 전반적으로 그들이 판을 치는 정도는 아니다. 자신의 언행에 주의를 기울이기만 하면 대체적으로 소인으로 말미암은 위험을 피해 갈 수 있다.

## 66~100 / 위험도: 높음

이런 환경이라면 조심해야 한다! 같은 편이라고 생각했던 사람조차 당신을 배신할지 모르니 말이다. 항상 낮은 자세로 임하고, 기회가 있다면 환경을 바꾸는 게 좋다. 이러한 환경에 너무 깊게 빠지지 않도록 위험이 낮은 환경을 찾아 피난처로 삼아야 한다. 장기간 이러한 환경에 머물러 자신도 소인으로 변해가는 일은 절대 없도록 하자!

# 주변에 항상
# 소인이 넘치는 이유 3

### 소인은 어떻게 탄생하는가 2
소인이 나타나기 가장 쉬운
환경은 어떤 것일까?

**3**

## 위계가 분명한 환경

고위험군 : 대기업 · 대가족 · 공직자 사회
생존 심리 : 권력이 있어야 스스로를 지킬 수 있어

WHAT TO DO?

다양한 관계를 유지하라
서로에 대한 안정감을 높여라

### 감독이 결여된 환경

고위험군 : 규정이 느슨한 기업 · SNS · 인구가 많고 복잡한 도시
생존 심리 : 세상 사람들은 다 똑같아. 너무 착하면 손해라고!

**WHAT TO DO?**

도덕적 환기를 독려하라
책임제도를 만들어라

### 이익이 제일이 되는 환경

고위험군 : 상업계 · 무역시장
　　　　　금전적 이익을 중시하는 사회공동체
생존 심리 : 돈이 최고야. 다른 건 하나도 중요하지 않으니
　　　　　일단 돈부터 벌자!

**WHAT TO DO?**

가치판단 개념을 다시 세워라
작은 돈 때문에 큰일을 그르치지 마라

# POSTSCRIPT

최근 흥미로운 기사를 읽었다.

카자흐스탄 북부에 카라치(Kalachi)라는 작은 마을이 있는데, 약 2년 전부터 이곳 주민들에게 원인 모를 '졸음병'이 확산하고 있다는 내용이었다. 기사에 따르면 일하는 도중 갑자기 인사불성이 되는 사람이 있는가 하면 길을 걷다가 쓰러지는 사람도 있었다. 게다가 한번 잠들면 며칠 동안 깨어나지 못했다. 깨어난 후에는 아무것도 기억하지 못하거나 꿈속에서 어렴풋이 날개 달린 말과 손을 갉아 먹는 괴물을 봤다고 말하는 사람도 있었다.

이 희귀병이 카라치의 거의 모든 주민에게 영향을 미치자 국제사회는 이 작은 마을의 기현상에 관심을 기울이기 시작했다. 심지어 외부에서는 이를 희귀 전염성 뇌염일 거라는 예측을 하기도 했다. 카자흐스탄의 대통령도 철저하게 원인을 규명하라는 명령을 내렸다. 그렇게 2년여의 연구 끝에 과학자들은 드디어 원인을 찾아냈다.

그 원흉은 바로 마을 근처의 우라늄 광산이었다. 이 광산은 냉전 시대 때 옛 소련에 핵무기 제조를 위한 우라늄을 공급하다 소련이 해체된 후 문을 닫은 곳이었다. 그동안 별다른 문제가 없었는데 웬일인지 최근 들어 광산에서 대량의 일산화탄소가 방출되고 있었고, 이 무색무취의 일산화탄소가 마을로 퍼지면서 자신도 모른 채 일산화탄소에 중독된 주민들이 잠에 빠져들게 된 것이었다. 희귀 졸음병의 원인을 찾아낸 후 카자흐스탄 정부는 서둘러 주민들을 이주시켰다.

아마 이런 일이 100여 년 전에 벌어졌다면 현지 주민들은 신부나 구마사를 찾아가 대대적인 의식을 치렀을 것이다. 온갖 상상력이 더해져 엄청난 전설을 남겼을지도 모를 일이다. 그러나 의식은 의식일 뿐, 일산화탄소 방출이라는 기본적인 문제를 해결할 수는 없었을 것이다.

다행히 21세기인 지금은 일산화탄소를 검출해낼 탐지기도 있고, 이상한 일이 생기면 먼저 과학적인 시각으로 접근한다.

그 덕분에 고대의 여러 미스터리가 근래 들어 비교적 합리적인 해석을 얻게 되었다. 이를테면 신비한 마야문명처럼 말이다. 마야문명은 한때 중남미를 전역을 호령했지만 폐허가 된 숲속의 유적만을 남긴 채 갑자기 역사 속에서 자취를 감췄다. 한때 사람들은 신전 안의 부조를 근거로 마야인이 외계인의 영향을 받아 그렇게 상세한 천문 기록을 남기고, 또 2012년 12월 21일 세계 종말이 온다는 예언을 남겼을 거라고 상상했다.

그러나 최근 과학자들이 이보다 더 설득력 있는 이론을 내놓았다. 한때 마야인이 대대적으로 벌목을 한 적이 있다. 첫째는 식량 확보를 위해 경작지를 마련하기 위해서, 둘째는 화려한 궁전을 짓기 위해서였다. 과학자들이 컴퓨터로 당시의 자연환경을 시뮬레이션한 결과 나무를 모두 베어버리자 기온이 3~5도 상승하고, 강우량이 20~30% 감소하는 것으로 나타났다. 때마침 가뭄이 닥친다면 현지의 농작물이 모두 말라죽을 만큼 상황은 더욱 악화될 것이었다. 과학자들은 마야문명이 사라진 이유가 난개발에 있을 수 있다고 설명한다.

이 얼마나 안타까운 일인가! 선진 천문 지식을 가진 마야의 제사장들은 피를 바치며 하늘에 기도를 드려야 세상을 돌아가게 할 수 있다고 굳게 믿으면서도 벌목이 자신을 해치리라고는 예상하지 못했다.

어쩌면 당시 누군가가 경고했지만 나무를 베는 일꾼들과 궁전을 짓는 기술자들이 연합해 이를 저지했을지도 모를 일이다.

21세기인 지금도 이와 같은 상황은 여전히 일어나고 있다. 지구 온난화와 해양 보존 등 이슈에 관해 들려오는 경고의 목소리가 이익을 앞세운 목소리를 넘지 못한다. 후손들에게 불행을 가져다주지 않기 위해 우리는 현실을 직시하고 신중하게 환경의 경고 메시지를 대해야 한다.

동시에 객관적인 태도와 과학적인 연구 방법으로 전통적 관념을 증명하고 수정해야 한다. 현재의 이론이 반드시 옳다고는 할 수 없지만, 신중하고 이성적으로 지식을 탐구하면 점차 다양한 답을 찾을 수 있을 것이라 믿는다.

빅 데이터 분석으로 복잡한 정보들로부터 추세를 읽어내 우리가 좀 더 일찍 문제를 발견할 수 있도록 도와주었으면 한다. 또한 머지않은 미래에 전자동 주행 차량이 도로에서 발생하는 불상사를 제로에 가깝게 만들어주길 바라며, 통신 기술의 발달로 사람 간의 거리가 한층 더 좁아지기를 기대한다.

이처럼 빠르게 발전하는 시대에 살고 있는 우리는 얼마나 행운아인가! 이 책에서 언급한 개념이 앞으로의 변화와 도전에 더욱 용감하게 맞서도록 도움을 줄 수 있었으면 한다. 변화는 필연이다. 그러니 자신의 능력을 믿고, 긍정의 힘을 더해 적극적으로 행동하라. 그럼 지금보다 더 행운이 깃든 삶을 살 수 있을 것이라 믿는다.

부디 당신의 곁에 더 많은 행운이 모여들기를, 그리고 그 행운을 전 세계에 아낌없이 나눠줄 수 있기를 바란다!

# 어른을 위한 좋은 행동 습관

1판 1쇄 인쇄 2023년 4월 24일
1판 1쇄 발행 2023년 5월 1일

지은이 | 류쉬안
옮긴이 | 원녕경
펴낸이 | 최윤하
펴낸곳 | 정민미디어
주 소 | (151-834) 서울시 관악구 행운동 1666-45, F
전 화 | 02-888-0991
팩 스 | 02-871-0995
이메일 | pceo@daum.net
홈페이지 | www.hyuneum.com
편 집 | 미토스
표지디자인 | 강희연
본문디자인 | 디자인 [연;우]

ISBN  979-11-91669-44-2 (03320)